HISTOIRE

DE

BEAUMONT-SUR-OISE

PAR

CHARLES SIMON

Instituteur-Adjoint

OUVRAGE ORNÉ DE HUIT GRAVURES ET DE DEUX PLANS HORS TEXTE

Honoré d'une Médaille de bronze à l'Exposition de 1889

L'Histoire est un enseignement.
MIGNET.

PRIX : 5 FRANCS

BEAUMONT-SUR-OISE
IMPRIMERIE RÉGIONALE
(Victor PAQUET, Directeur)

1890

SIGILLVM COMVNIE BELLOMONTIS

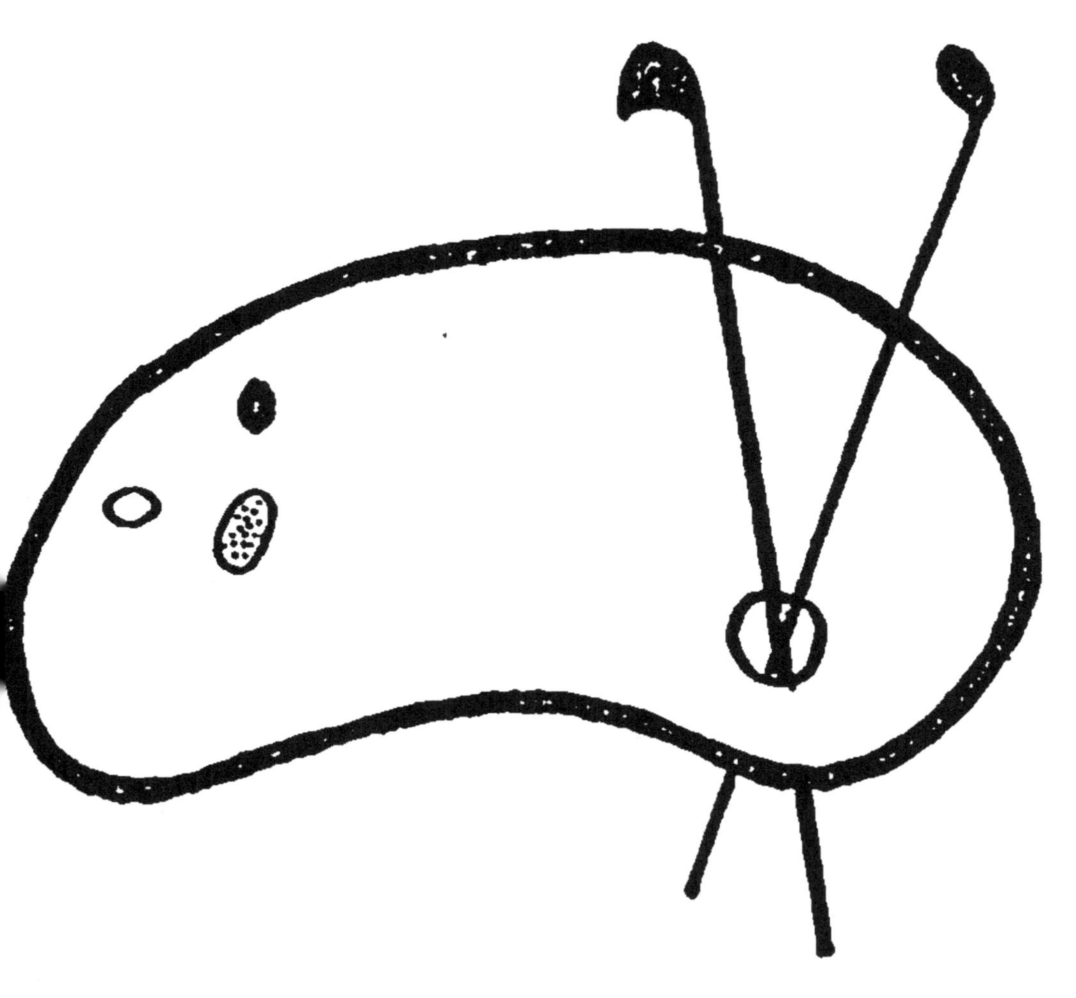

FIN D'UNE SERIE DE DOCUMENTS
EN COULEUR

HISTOIRE

DE

BEAUMONT-SUR-OISE

HISTOIRE

DE

BEAUMONT-SUR-OISE

PAR

CHARLES SIMON

Instituteur-Adjoint

OUVRAGE ORNÉ DE HUIT GRAVURES ET DE DEUX PLANS HORS TEXTE

Honoré d'une Médaille de bronze à l'Exposition de 1889

L'Histoire est un enseignement.
- MIGNET.

PRIX : 5 FRANCS

BEAUMONT-SUR-OISE

IMPRIMERIE RÉGIONALE

(Victor PAQUET, Directeur)

1890

AVANT-PROPOS

Un archéologue distingué, Douet d'Arcq, a publié une « Histoire des Comtes de Beaumont » ; mais c'est plutôt une série de biographies des seigneurs qu'une étude sur notre cité.

Beaumont a son histoire propre, à la fois terrible et charmante ; la retracer, c'est le but que nous nous sommes proposé d'atteindre. Si tout ce qui a rapport à notre patrie est de nature à fixer l'attention, ce qui se rapporte à notre localité en particulier doit naturellement provoquer notre plus vif intérêt. Combien malgré leur désir ignorent ses origines, ses luttes, ses ruines grandioses !

C'est avec une double confiance que nous livrons à la publicité le résultat de nos recherches : confiance dans le plaisir qu'ils trouveront à s'instruire ; confiance dans leur indulgence pour nos recherches consciencieuses, s'ils trouvent l'œuvre imparfaite.

Qu'il nous soit permis de témoigner ici notre reconnaissance à tous ceux qui ont bien voulu nous aider de leurs conseils et rendre notre tâche plus facile.

Nous adressons aussi nos plus sincères remercîments aux personnes qui nous ont honoré de leur souscription.

Puissent nos lecteurs trouver dans notre travail un témoignage d'amour pour notre vieille cité : ce sera notre plus douce récompense.

Ch. SIMON.

NOMS DES SOUSCRIPTEURS

BEAUMONT

VILLE DE BEAUMONT, *50 volumes.*

MM. CHÉRON (LÉON), Maire, *2 volumes.*
TURCQ, Adjoint, *3 volumes.*
SOMMAIRE, Adjoint.
BERT, Conseiller municipal.
BERTIN, —
BOURDON, —
DAVENNE, —
DEPESSEVILLE, —
EMERY, —
GARNIER —
GEORGES, —
GERBAUD, —
GODIN, —
LECLÈRE, —
LEFÈVRE, —
MENIN, —
PASDELOUP, —
RAMBOUR, —

Mmes DE BELLERIVE, rentière.
BONHOMME, sage-femme.
BRICE, propriétaire.
CAILLAUX, rentière.
CAVILLON, propriétaire.
DESGROSEILLERS, propriétaire.
la Supérieure de l'Hospice.
la Supérieure du Pensionnat.

Mlle SIMON (Louise).

MM. AMAUDRIC, architecte.
BARBEAU (Benjamin), photographe.
BARBEAU (Louis), photographe.
BARON, rentier.
BARTELMÉ, hôtel des Quatre-Fils-Aymon.
BERTHIER (Auguste), rentier.
BERTRAND (Léon), mécanicien.
BLANCHETEAU (Henri), tonnelier.
BOIRON, agent d'assurances.
BOUET (Amédée), teinturier.
BOUGE, orfèvre.
BOUQUET, serrurier.
BRETON (Arthur), négociant.
CAGNET (Eugène), négociant.
CARDOT (Alfred), lampiste.
CARRÉ (Constant), tourneur en fer.
CHAPELAIN, fabricant de coulisses.
CHOUQUET (Emile), comptable.
CLÉMENT-ROCHER, propriétaire.
CONTOUR, horloger.

MM. DAMOY (Victor), forgeron.
DELAUNE, cultivateur.
DÉSAULNOIS, tourneur.
DESAVISSE, professeur.
DESCLEFS, vicaire.
DEVAUX (Isidore), rentier.
DUMONT, pharmacien.
DUPONT (Prosper), greffier de la Mairie.
FERTÉ, négociant.
FLEURET (Gustave), propriétaire.
GONTIER (Désiré), tourneur.
GUILLAUMÉ (Ferdinand).
HARDIVILLER, rentier.
HAULARD, architecte.
HENNEGUY, rentier.
HEYBERGER (Charles), propriétaire.
HUMBERT père, 2 *volumes*.
HUMBERT (Edouard), chauffeur.
HUPPÉ, messager.
LEFÈVRE. entrepreneur de maçonnerie.
LEFÈVRE-LENGLET, épicier.
LÉGER, rentier.
LEGRAND (Paul), teinturier.
LEMAIRE, carrossier.
LHEURIN, propriétaire.
LOLLIERON, employé de la compagnie du chemin de fer du Nord.
LORMIER (Ernest), carrossier.
LUTON, pharmacien, 2 *volumes*.
MACHEN, cordonnier.

MM. DE MAZADE, rentier.
MERCERIS, instituteur.
MEYER, docteur en médecine.
MONNERET (Jules), cordonnier.
MOULIN, hôtel du Paon.
NIONCELLE, libraire.
NOEL, boulanger.
PAQUET (Victor), rédacteur en chef du *Régional*.
PEIGNE (Paul), mécanicien.
PELLETIER (Louis), mécanicien.
PICARD (Emile), tourneur.
PRINCE, boulanger.
RAPP, mécanicien.
RUAULT, entrepreneur.
TABARY, fumiste.
THIBERGE, propriétaire.
TRUBERT (Alexandre), propriétaire.
VENET, vétérinaire.
VERNIER (Louis), architecte.
VIARD (Séraphin), élève en pharmacie.
VIDAL, notaire.
WEBER (Jean-Pierre) fils, chauffeur.

PERSAN

Commune de PERSAN, 2 *volumes*.
MM. BAIL, directeur des Forges.
COLLIGNON, comptable aux Forges.
DURAND (Pierre).
FRIARD, télégraphiste.

MM. GAUTHIER (Florentin), chef d'atelier aux Forges.
GUIBERT (Louis), jardinier.
LECOUVÉ, mécanicien.
LECHOPIED, tonnelier.
LEYGE aîné, négociant.
MILLET (Félix), ingénieur civil.
MILLET (Jules), modeleur.
MONROY, briquetier.
PANAYOTY (Charles), propriétaire.
PETER (Henri).
POITEVIN, négociant.
PRÉVOST, architecte.
ROGER (Maurice), chimiste.
ROUSSEL, instituteur.
TARTARIN, clerc de notaire.
VANAKER (Alfred), contre-maître aux Forges.
VOGT (Georges), instituteur-adjoint.

PRESLES

MM. BLANCHARD, maire, docteur en médecine.
BOULAY, instituteur-adjoint.
HESBU (Edgard), à Courcelles-Presles.

VIARMES

MM. BÉRARD LANGLOIS DE FAVAS (Emile).
GAUTIER (Jules), propriétaire.

ASNIÈRES-SUR-OISE

MM. DAVID (Philippe), négociant.
MANGIN, cordonnier.

NOISY-SUR-OISE

M. Beldon (Paul), conseiller municipal.

CHAMPAGNE

MM. Lesueur (Jules), commis de perception.
Rambour (Louis), cultivateur.

Autres Localités

MM. Aubriot, maréchal des logis en retraite, à Ivry-sur-Seine.
Lecomte (Eugène), instituteur-adjoint, à Versailles.
Leroux, 3, rue Valadon, à Paris.
Morlière, instituteur-adjoint, à Garches.
Toussaint, archéologue, à Pontoise.
Vérmond, étudiant en droit, à Alexandrie (Egypte).
Vernier (Edouard), instituteur-adjoint, à Sannois.

BIBLIOGRAPHIE

Recherches sur les Comtes de Beaumont-sur-Oise...	DOUET D'ARCQ.
Vie de Louis VI (SUGER),....................	Trad. GUIZOT.
Histoire de Pontoise........................	G.L. Pontoise, 1861.
La France féodale..........................	CHATEAUBRIAND.
Histoire du diocèse de Beauvais................	M. l'abbé DELETTRE
Histoire du Tiers-Etat.......................	Augustin THIERRY.
Places remarquables de France................	A. DUCHESNE.
Environs de Paris..........................	DULAURE
Géographie de la France....................	MALTE-BRUN.
Histoire de la maison de Montmorency..........	DESORMEAUX.
Histoire de Senlis..........................	ADHELM BERNIER.
Journal d'un bourgeois de Gisors..............	
Recherches historiques sur Clermont............	FÉRET.
Les plus excellents bâtiments de France.........	DE CERCEAU, 1756.
Un almanach de 1718........................	BARBEY

AUTRES SOURCES

Archives nationales.
Archives départementales.
Archives communales.

TABLE DES MATIÈRES

HISTOIRE DE BEAUMONT

PREMIÈRE PARTIE

DES ORIGINES A NOS JOURS

DEUXIÈME PARTIE

L'INSTRUCTION PRIMAIRE A BEAUMONT

TABLE DES GRAVURES

PREMIÈRE PARTIE

DES ORIGINES A NOS JOURS

ORIGINES

LE VILLAGE GAULOIS. – LA CONQUÊTE ROMAINE

La Ville de Beaumont-sur-Oise est située à huit lieues nord de Paris par 0°2' de longitude ouest et 49°8'38" de latitude nord. Elle est bâtie tant sur le revers nord-ouest que sur la plate-forme d'un des riants coteaux qui bordent la rive gauche de l'Oise.

L'époque de sa fondation ne peut être précisée ; mais les fouilles effectuées récemment permettent d'affirmer que la cité fut déplacée vers l'Ouest. Il est de tradition que Beaumont s'élevait jadis dans les prés de Toury — corruption de Tuerle. Un combat important aurait détruit les maisons et forcé les habitants à s'enfuir. L'histoire établit la part de vérité des légendes, et des faits précis justifient l'ancienne situation de Beaumont ainsi que son déplacement.

Il est curieux d'évoquer le passé et de voir en soi les maisons du village gaulois, ancêtre de notre ville. Représentons-nous des maisons spacieuses et rondes, creusées dans le sol et, avec un trou au centre, le toit souvent à fleur de terre. Pour ornements, des peaux de bêtes servant de lits, de sièges, de tapis ; des tables en bois grossièrement façonnées ; l'entrée était parfois ornée de crânes ou de chevelures d'hommes. Mais les habitants se montraient hospitaliers, généreux, curieux, bavards et courageux. Les habitations étaient disposées sans ordre sur le plateau, à l'Est de la ville actuelle, sur le terrain en pente douce qui descend jusqu'à l'Oise. Avec cela, la forêt entourant les maisons ; au bas du coteau, l'Oise, avec une île disparue, large de 6 mètres, longue de 37 mètres encore au siècle dernier, et située à 190 mètres au nord du vieux pont.

La cité gauloise faisait partie du pays des *Vadicasses*. Son nom de *Bellus mons* devint plus tard *Belmontium ad Isaram*. Elle eut à subir l'invasion romaine qui contribua à son agrandissement et à son embellissement.

On voyait il y a quelque quatre-vingts ans les vestiges d'un vieux pont dans la direction de l'ancienne route de Paris à Calais, et on peut lire dans les registres du conseil municipal la mention suivante : « Avant la confection du pont actuel, le chemin de « Paris à Beauvais était une voie romaine qui avait une largeur « de 15 à 20 mètres, et la preuve en est que lors d'une plantation « de 46 ormes on trouva, en creusant les trous, des vestiges de « ladite route, des pavés liés, des briques, etc. » (1)

L'aspect général du terrain dit Trou-du-Diable fait croire à l'existence d'un cirque romain. Peut-être des chrétiens subirent-ils le martyre dans ces arènes, comme semble l'attester le nom de Trou-du-Diable ou Trou-d'Enfer. Une tradition veut que ce lieu ait été l'emplacement de la première église. (2)

Le pont aurait été bâti vers le IVe siècle par les Romains. Il permettait la traversée de l'Oise sur le passage de la voie romaine allant de *Lutèce* (Paris) à *Bellovacum* (Beauvais). (3)

Le cimetière mis à jour par de récents travaux, les poteries et les monnaies qu'on y a trouvées, les débris de vases romains

(1) Ces voies militaires étaient ainsi construites : on fouillait le chemin jusqu'à la profondeur de plusieurs pieds, selon la qualité du terrain ; à la place des terres, on jetait du gravier de sable. Ce mortier était chargé d'un lit de pierres bien maçonnées de la hauteur de dix pouces ; au-dessus, un mastic de moellons, de briques, de tuiles cassées, de huit pouces, qu'on chargeait sur toute l'étendue d'un pied de mortier ; sur le tout, on faisait une couche de petites pierres jusqu'à la hauteur de six pouces. Les voies romaines étaient de véritables murailles hautes d'un mètre et larges de 15 à 20 mètres environ.

(2) Du fond de ce trou on n'aperçoit pas le clocher de Beaumont.

(3) Il a été trouvé le 15 juillet 1810 par des ouvriers terrassiers, sur l'emplacement du vieux pont, des pieux tout noirs, durs comme de la pierre, avec des pièces romaines et un outil monétaire. Les médailles étaient en or, bronze, argent, frappées à l'effigie de César et de plusieurs empereurs romains. Un de nos

jonchant le flanc du coteau, tout témoigne de l'existence d'une cité importante il y a quinze cents ans.

Le premier château daterait de cette époque. M. Peyrelongue, qui fut propriétaire du château actuel, émet cette opinion.

C'était la demeure du chef romain qui apportait en Gaule sa façon de vivre. Il se faisait construire, non pas au lieu même du village, mais à quelque distance, une villa, une maison de campagne.

C'était ce que nous appellerions une grande ferme avec ses dépendances. Les vieux murs ont bravé le temps et les seigneurs féodaux n'ont eu qu'à modifier la distribution des bâtiments. Les murs sont bâtis avec un « ciment romain composé de silex gros-« sièrement broyé, de charbon de bois, etc., formant une pierre « dont les matériaux et la puissante force adhésive sont restés « un impénétrable mystère. Ce ciment exhale par le choc une « odeur de sulfate de potasse brûlé (1).

Notre cité comptait-elle alors 5,000 habitants comme le rapporte la tradition? Il est permis de le supposer. Vigénère, le savant secrétaire de Henri III, traducteur des Commentaires de César, soutient qu'on doit traduire *Bratuspantium* par Beaumont-sur-Oise, mais ne donne pas les raisons — qu'il serait curieux de connaître — pour traduire ainsi un nom latin que d'Anville donne comme appartenant à Breteuil, et la majorité des historiens à Beauvais.

---

concitoyens, M. Peyrelongué, qui les vit, ainsi que la matrice, dit que celle-ci portait en exergue :

FL. IVL. CONSTANS. PF. AVG :
Flavius Julius. Constans. Pius Felix. Augustus.

VICTORIA. DO. N. N. AVG.
Victoria. Dominorum nostrum. Augustorium.

Le tout fut envoyé à M. Millius, conservateur des Antique à la Bibliothèque impériale. Les pièces furent renvoyées ; mais on garda la matrice qui est, parait-il, une des plus belles de la collection.

(1) M. de Peyrelongue.

Mais comment *Bratuspantium* serait-il devenu *Bellomontium* comme le porte le sceau des comtes de Beaumont ?

Nous laissons à d'autres plus compétents le soin de trancher cette question.

SOUS LES FRANCS

Quand les Francs s'emparèrent de la Gaule, ils entendirent prendre la place et le pouvoir des Romains.

Vainqueurs, ils se firent les héritiers des premiers conquérants. Les Romains levaient des impôts sur les Gaulois, faisaient travailler les gens par réquisition pour établir une route ou construire un édifice. Les Francs continuent à leur profit : c'est là l'origine de la taille et des corvées. Pauvre peuple, forcé de bâtir la forteresse qui servira à le réduire à l'obéissance! Pauvre peuple obligé de payer un maître !

A côté des Mérovingiens et des Carlovingiens s'élève une autre puissance, celle de l'Eglise.

D'abord soumise aux rois, l'Eglise devient bientôt si forte qu'elle fait et défait les souverains.

Les évêques ont aidé les Francs à devenir maîtres de la Gaule; les vainqueurs leur donnent des terres, de vastes champs, quelquefois même des villages entiers avec les habitants, de qui les religieux exigent la dime. Les moines, jadis pauvres et travailleurs, deviennent alors immensément riches. Les abbés sont de grands seigneurs tout comme les descendants des leudes francs. Les rois, et à leur exemple les seigneurs, les dotent de territoires, de forêts. Il est juste d'ajouter que les paysans n'étaient pas fâchés d'être donnés aux moines qui étaient moins durs pour les serfs que les rudes barons.

Nous trouvons dans des actes de dotation de l'époque mérovingienne des traces évidentes de l'importance de Chambly et de notre ville, qui vont nous permettre d'établir l'étendue du comté de Beaumont.

LE COMTÉ

LIMITES. — LISTE DES LOCALITÉS (1)

Le domaine des comtes de Beaumont avait 10 lieues de long, du Déluge à Saint-Martin, et 4 à 5 lieues de large, de Précy à l'Isle-Adam. Le Sausseron, la Thève et l'Esche arrosent les campagnes.

La forêt de Carnelle, qu'une prisée du Comté, en 1375, estime à 800 arpents de haute futaie et 447 arpents de bois taillis, assure un revenu considérable aux seigneurs.

Les Rondeaux semblent appartenir à l'abbaye de Saint-Denis plutôt qu'aux seigneurs de Beaumont.

Les lieux principaux du comté étaient Méru, Chambly et Beaumont.

On peut, à l'aide de manuscrits concernant les donations, reconstituer le pays de l'époque mérovingienne.

Disons d'abord que les seigneurs et les moines avaient seuls la gloire et les richesses et le clergé seul l'instruction ; aussi est-ce grâce à des documents provenant des abbayes que l'histoire a pu être reconstituée.

Le 20 avril 627, une dame Théodile donne à Dodon, abbé de Saint-Denis, et aux religieux, trois villages, dont l'un, *Matry*, est un quartier de Chambly.

Clovis II, vers 640, confirme une donation faite par Dagobert de *Coticarius* (Crouy) à l'abbaye de Saint-Denis. La charte est transcrite sur écorce.

---

(1) La plus grande partie de ces documents est tirée du livre de M. Douet-Darcq, Membre de la Société des Antiquaires de Picardie : *Histoire du Comté de Beaumont*, (*Histoire de la Province*, tome IV).

En 635, dit le *Gesta-Dagoberti*, ce monarque donne à Saint-Denis le village de *Campagnia* (Champagne).

Vers 690, sous le règne de Thierry III, Vandemire, seigneur franc, fait don d'*Ingolinocurti* (peut-être Agnicourt, entre Chambly et Méru) à une église.

On trouve dans l'acte les lieux suivants : *Noviliaco* (Neuilly-en-Thelle), *Gondulforcurtis* (Gondicourt ou Gandicourt, près Chambly, *Preciaco* (Précy). De plus, Vandemire manifeste le désir d'être enterré dans l'église de Saint-Martin, de Précy.

En 692, Clovis III, pendant un séjour à Luzarches, confirme à l'abbaye de Saint-Denis la possession de *Nocitum* (Noisy).

Childebert III fait une donation en faveur d'un certain Magnoaldus à l'abbaye de *Toussonval*, dont il est difficile de préciser l'emplacement. Peut-être serait-ce l'abbaye du Val, qui exista longtemps à Noisy, plutôt que celle qui est proche de Mériel (1).

En 726, Thierry IV confirme à Saint-Denis l'acte de vente de *Baudrino* (Boran) vendu à cette abbaye par un certain Ermenteus.

En 751, Pépin le Bref lui confirme la propriété de plusieurs lieux, entre autres *Bordonello* (Bornel) et *Nialla* (Nesles).

En 799, un comte nommé Theudaldus ou Théodule fait une donation importante à la même abbaye. L'histoire de cette donation est curieuse. Pépin (2), l'un des fils de Charlemagne, avait conspiré contre son père avec l'aide d'un grand nombre de puissants seigneurs. Un lombard, nommé Fardulfe eut connaissance du complot et le révéla au roi. Pour récompense le délateur fut

(1) Mabillon indique que c'est sur l'emplacement de ce monastère que fut élevée l'abbaye du Val. Cependant le diplôme porte : « Tussone Valle, que est in pago camliaciacinse ». De plus, le roi adjuge au même Magnoaldus une curtis nommée Nocitum (Noisy-sur-Oise). D'autre part, le dimanche 17 mars 1496, Révérend père en Dieu messire Guillaume-Rose, évêque de Senlis, envoya lettres patentes au roi qui furent le lendemain lues et publiées en l'audience du château de Senlis, par lesquelles il lui permettait d'entrer en possession de la jouissance de son évêché ayant, durant les troubles de la Ligue, été en refuge dans l'Abbaye du Val près Beaumont. (Adhelm Bernier, Documents inédits).

(2) Ce récit est tiré de l'*Histoire du diocèse de Beauvais*, par M. l'abbé Delettre.

nommé abbé de Saint-Denis. Charlemagne surveilla les conspirateurs. Il fit enfermer Pépin dans un monastère et confisqua les biens des seigneurs coupables.

Au nombre de ces derniers était Théodolde, qui possédait de riches domaines dans le diocèse de Beauvais. Il fut condamné à l'exil et à la perte de ses biens. Cependant des amis puissants agirent auprès de l'Empereur pour obtenir le pardon de Théodolde. Son dénonciateur lui-même y contribua dans une large part ; on révisa le procès, le jugement fut cassé. Charlemagne, par lettres patentes du dernier jour de mai 793, déclara son seigneur absous du crime de lèse-majesté et le rétablit dans la possession de tous ses biens.

Théodolde se montra reconnaissant de la faveur royale. Par un acte daté du 13 des calendes de janvier, à Bruyères, près de la basilique de Saint-Vivien, il donne à l'abbaye de Saint-Denis, pour en jouir à perpétuité, les propriétés qu'il possède à *Brogaria* (Bruyères), *Bagerna* (Bernes) *Lis* (Le Lys) *Caugia super fluvio Tuva* (Coye sur la Thève). *Bagerna*, *Lis*, *Caugia*, *Villariculo* (Villers-sous-Saint-Leu) (2) sont désignés comme étant *super fluvio Hissera :* sur l'Oise.

Théodolde ajoutait aux terres les serfs au nombre de 163 dont les noms suivent :

Gautrude et 7 enfants.
Erusma et 5 enfants.
Jungulfe et 3 enfants.
Madalbertane et 2 enfants.
Walderade et 3 enfants.
Elisanne et 1 enfant.
Plictrude et 4 enfants
Beningua et 7 enfants.
Alatrude et 2 enfants.
Ladine et 5 enfants.
Izintrude et 3 enfants.
Leuttrude et 6 enfants.
Warentrude et 6 enfants.
Alectrude et 3 enfants.
Aldrude et 3 enfants.
Doda et 3 enfants.
Aldingua et 1 enfant.
Umberta et 2 enfants.
Ermina et 1 enfant.
Mauria et 4 enfants.

(2) Et non Villiers-Adam comme le traduit à tort M. Douet-d'Arcq. Par la situation des lieux, il semble plus juste d'admettre Villers-sous-Saint-Leu, qui, du reste est sur l'Oise comme le porte l'acte.

Luba et 1 enfant.	Abind.
Séréna et 1 enfant.	Adelane.
Aldégide et 2 enfants.	Rogamfredus.
Nildigère et 3 enfants.	Sigebaldus.
Ermina et 3 enfants.	Firuméricus.
Autfréda et 3 enfants.	Teudoinus.
Ermfreda et 3 enfants.	Anafredus.
Sirican et 2 enfants.	Andefredus.
Gulfiane.	Verméramus.
Gautrude.	Adelaldus.

A cette époque, comme on peut le voir par ce tableau, les hommes du peuple ne comptaient pas. On estimait la valeur d'une propriété par le nombre de serfs, et l'acquéreur de la terre devenait propriétaire de ceux qui la faisaient valoir.

En 844, le 21 janvier, Charles-le-Chauve confirme à la même abbaye la possession de *Maurinciagi* (Morancy), *Croiacum* (Crouy), *Argiuvillare* (Anserville). Dans cette dernière charte les lieux sont dits « *in comitatus Cambliacencis* », dans le comté de Chambly.

Jusqu'à Childebert II, les écrits portent *in pago camliaciacinsi* (le pays Chambliois). Ce fait semblerait indiquer que Charles-le-Chauve aurait fondé le comté de Chambly.

L'édit de Mersin, 847, par lequel « tout homme libre peut se « choisir un seigneur, soit le roi, soit un de ses vassaux, et aucun « vassal du roi n'est obligé de le suivre à la guerre, si ce n'est « contre l'étranger, » permet d'assigner au comté de Beaumont la même date pour son établissement que celui de Chambly.

En 861, Charles-le-Chauve confirme un échange entre deux seigneurs. Il est fait mention dans l'acte d'un lieudit *Albanus*, appartenant à Saint-Martin de Précy (1).

D'autres actes moins importants font mention de divers lieux.

(1) Ce lieu est probablement celui qu'on désigne maintenant sous le nom des Aubains. Il est situé sur la rive droite de l'Oise en face de Noisy.

Voici la liste complète des localités :

Angulus Hildrade (Angleterre).
Argimvillare (Anserville).
Asinarias (Asnières).
Bagerna (Bernes).
Baudrinus (Boran).
Bordonellus (Bornel).
Brogaria ou *Broaria* (Bruyères)
Bronnariavilla (Bournonville près Valmondois).
Campagnia (Champagne).
Caugia (Coye).
Corniacovillare (Courcelle, près Bornel).
Corliracus (Crouy).
Ingolinocurtis (Anicourt).
Gondulforcurtis (Gondicourt).
Murnum (Mours).
Maurinciagicurtis (Morancy).
Mairiu (Méru).
Novigintum (Nogent-les-Vierges).
Nialla (Nesles).
Nocilum (Noisy).
Noviliacus (Neuilly).
Prélarium (Presles).
Prélariola (Préroles).
Prisciacum (Précy).
Ronquerolla (Ronquerolles).
Tussonis Vallis (Tusson Val).
Villariculum (Villers-sous-Saint-Leu.

Le comté de Beaumont se composait du Chambliois entier, de la partie orientale du pays de Thelle et d'une faible portion de la France (1).

Il relevait pour une part aussi de l'abbaye de Beauvais, mais surtout de l'abbaye de Saint-Denis, comme on l'a vu par les chartes. Mathieu II, du reste, dans une charte de 1170, reconnaît tenir la Tour de Beaumont de l'abbaye de Saint-Denis. Mais le fief relevait en outre de l'évêque de Paris pour Luzarches, Maisons et Conflans, ainsi que du roi.

On trouve le nom des comtes de Beaumont dans le Cartullaire de Philippe-Auguste donnant la liste des vassaux de la couronne. Enfin les seigneurs de Beaumont étaient vassaux de la Chastellerie de Meaux vers 1210, et comme tels relevaient des comtes de Champagne.

(1) La France proprement dite n'a été longtemps que le territoire appartenant aux ducs de France, de l'Ile-de-France. Aujourd'hui encore on dit Mareil-en-France pour désigner Mareil près Luzarches.

LES COMTES

YVES Ier

Les comtes de Beaumont sont les égaux de ceux de Clermont en Beauvaisis et priment ceux de Montmorency. Leur maison apparaît avec Yves Ier, en 1022. Il est à Orléans au conseil tenu par le roi Robert. En 1028, il signe une charte que Robert accorde à l'abbaye de Coulombe ; en 1036, il visite l'abbaye de Saint-Germain-des-Prés; en 1044, il signe une donation en faveur de l'abbaye de Saint-Maur-les-Fossés. En 1053 il assiste à l'ouverture de la châsse de Saint-Denis en compagnie des plus grands seigneurs.

Yves Ier épousa Gisèle, sœur de Milon de Chevreuse, dont il eut pour enfants Geofroy, Yves II et une fille mariée à Dreux Ier, seigneur de Mello.

Huit siècles et demi sont passés. D'Yves Ier et de ses successeurs, qui jouirent pendant leur vie de grande estime et de haute considération, il reste à peine un souvenir.

GEOFROI Ier

Geofroy Ier, fils du précédent, fut comte de Beaumont de 1067 à 1070. Il fit de riches présents à Saint-Léonor.

YVES II

Yves II succéda à son frère. Il eut, en 1075, une entrevue avec le roi de France dans l'Eglise Saint-Médard de Soissons.

En 1078, il suivit le roi au siège de Gerberoy contre Robert, fils de Guillaume le Conquérant; en 1080, il fonda le prieuré de Conflans-Sainte-Honorine.

Un an plus tard, Yves II et sa seconde femme donnèrent l'Église Sainte-Honorine de Conflans aux religieux du Bec.

Sa première femme était Judith, mère d'Alix de Beaumont, qui fut mariée à Hugues de Grantemésnil en Normandie, chevalier d'un grand renom, gendre de Robert Guiscard, duc de Pouille. Adèle, sa seconde femme, fut la mère : d'Agnès de Beaumont qui épousa Bouchard IV, seigneur de Montmorency; de Mathieu Ier et de Hugues de Beaumont.

MATHIEU Ier

En 1090, Mathieu Ier prend part aux guerres féodales et fournit des secours aux assiégés de Courci-sur-Dive contre Robert de Bellesme qui opprimait les habitants.

En 1097, Louis le Gros se battait contre Guillaume le Roux, roi d'Angleterre. Parmi les prisonniers faits pendant la lutte, on comptait, dit la chronique, « le noble et vaillant comte de Beaumont ».

En 1101, Mathieu se révolta avec Bouchard IV, son beau-frère, contre le roi. Bouchard de Montmorency était en guerre avec Adam, abbé de Saint-Denis, son voisin, pour les limites de leurs domaines. Le roi soutenait l'abbé et avait levé une armée de Français et de Flamands avec laquelle il brûla les villages, arracha les arbres et les moissons. Bouchard se tenait enfermé dans son château ; le roi l'y assiégea.

Mathieu arriva avec des secours et rendit inutiles les efforts de Philippe Ier, roi de France, et de son fils Louis. Mais ce dernier ayant obtenu du secours d'Adèle, comtesse de Chartres, Bouchard et Mathieu virent qu'ils ne pourraient lutter toujours avec avantage et firent leur soumission.

En 1102, Mathieu, qui possédait par sa femme Emme, fille du comte de Clermont en Beauvaisis, la moitié du château de Luzarches, prit l'autre moitié à son beau-père, faible et irrésolu. Ce dernier alla trouver le roi qui embrassa son parti et reprit

Luzarches; puis Philippe Ier attaqua le comte de Beaumont en son château de Chambly qui subit un échec fort désastreux. « Le « roi dressa ses tentes et ordonna de disposer ses machines pour « le siège, mais le temps jusqu'alors très beau changea subitement; « un affreux et violent orage éclata, jeta une si grande terreur « dans la troupe et tua tant de chevaux, qu'à peine quelques « hommes conservaient l'espoir de survivre à ce fléau. Certaines « gens de l'armée, frappés d'une horreur insurmontable, s'étant « préparés à fuir de grand matin, le feu fut mis traîtreusement « aux tentes pendant que le défenseur de l'Etat dormait encore « dans la sienne. A la vue de ce feu, signal ordinaire de la « retraite, les soldats partent sur le champ et en toute hâte avec « autant d'imprudence que de confusion, redoutant qu'on ne les « force de retourner sur leurs pas, et ne songeant pas même à « se réunir les uns les autres. Le seigneur Louis s'éloigne sur « son cheval et vole après ses soldats, mais déjà ils étaient dis- « persés de tous côtés et il ne réussit par aucun moyen à les « ramener. Un grand nombre fut pris par l'ennemi, tels que « Hugues de Clermont, Guy de Senlis, etc.

« Louis retourne à Paris, rassemble aussitôt de toutes parts « une armée trois fois plus nombreuse; mais Mathieu de Beaumont « fit la paix. (1)

Comme ses prédécesseurs, Mathieu fait de nombreuses donations aux monastères.

En 1119, il est à Brenneville et se rend digne de l'amitié de Louis VI par des services éclatants: aussi en 1139 il est nommé Chambrier de France. (2)

En 1151, Mathieu se fit moine à Saint-Léonor et mourut le 1er janvier 1155. Il avait bâti le cloître, le réfectoire du prieuré.

(1) Suger, Vie de Louis VI (Trad. Guizot, tome 8 p. 13).

(2) L'office de Chambrier consistait à signer les diplômes royaux avec le connétable, le sénéchal et le bouteiller : c'étaient les quatre grands officiers de la couronne.

De plus, le chambrier avait charge de l'habillement et de l'ameublement du roi et de la maison royale. Cette charge fut abolie par François Ier.

et il avait richement décoré l'autel. Il fit don aux moines de vases et de vêtements et il installa à Saint-Léonor les moines de Notre-Dame des Champs. (1)

Mathieu Ier laissa, de Emme de Clermont, dame en partie de Luzarches, fille puînée de Hugues Ier, comte de Clermont, et de Marguerite de Rouci, Mathieu, deuxième du nom, et Hugues de Beaumont, qui fut la branche des seigneurs de Persan.

MATHIEU II

Il gouverna dès 1151. Cette même année, il signe avec Raoul, comte de Vermandois, Guy le Bouteiller, Mathieu, connétable, Raymond de Saint-Valéry, Hélige de Gerberoy et grand nombre de personnages, une charte munie du sceau royal réglant les droits de l'évêque de Beauvais à Beauvais.

En 1153, il traite avec les moines de Saint-Léonor pour ses redevances. (2)

Moins batailleur que son père, il est l'ami du roi, qui le prend pour conseiller et négociateur. Il assiste en 1160 à la signature du traité entre Louis le Jeune et Henri II.

A ce comte arriva une aventure peu connue qui donna lieu au fameux dicton : « Les *Revenants de Pontoise* ».

Le Vexin français appartenait à la couronne de France et le roi Louis en avait fait don à sa fille Marguerite, qui fixa sa capitale à Pontoise.

L'architecte royal, Raymond, fut mis à la disposition de la souveraine pour construire des oubliettes; Marguerite eut lieu de se louer de Raymond qui réussit fort bien dans l'exécution de ses travaux. Les souterrains profonds aboutissaient à l'Oise et étaient munis de pointes très aiguës.

(1) Saint-Martin des Champs, abbaye célèbre près Paris. La donation fut confirmée par une bulle de Calixte II en 1119.

(2) Il jure de garder l'accord et signe avec huit chevaliers du comté, entre autres : Lambert, chambrier, et Ermenfrède, cuisinier.

A la suite d'une intrigue de cour, Marguerite voulut se venger de Raymond et de quelques autres seigneurs : elle compta sur ses oubliettes et fit placer à l'entrée une trappe peu apparente basculant au moindre choc.

Puis elle invita ses nobles ennemis à un grand festin. On fit bonne chère. A la fin du dîner, les convives étant pris de boisson, incapables d'aucune résistance, furent jetés dans les caveaux. Mais Raymond, défiant, avait eu soin de placer un cadre matelassé à l'orifice du conduit. On juge de la stupéfaction des invités, subitement dégrisés, se reconnaissant dans le trou : Jean de Villers, le comte de Vallangoujard, le seigneur de Marcouville et le sire de Beaumont sont bien étonnés ; cependant Raymond n'a pas de peine à sortir avec ses amis. Ils prennent le parti de se venger noblement. L'architecte pria Suger de le faire venir à la prochaine entrevue qu'il aurait avec Marguerite. On se figure aisément la triste figure de Marguerite, lorsqu'elle vit autour du ministre les Revenants de Pontoise (1).

Mathieu II eut deux femmes : Mahault, mère de Mathieu III et de Philippe de Beaumont ; Alix, dame de la Queue, qui se remaria avec le seigneur de Gournay.

Du mariage de Mathieu avec Alix sortirent : Jean de Beaumont ; Mathieu, seigneur de Luzarches, mort sans postérité ; Marie ; Alix de Beaumont, première femme d'Anceau, seigneur de l'Isle-Adam.

MATHIEU III

Mathieu III succéda à son père vers 1177. En 1179, le comte, qui se souciait peu des engagements de son père vis-à-vis des moines de Saint-Denis, engagements pris en 1152, concernant les bois ae Maffliers, fut l'objet d'une plainte des moines auprès du souverain pontife. Le pape nomma l'évêque de Senlis comme médiateur.

(1) Tiré de l'*Histoire de Pontoise*, par G. L. (Villemer, éd. Pontoise). Nous devons ajouter que d'autres versions au moins aussi vraisemblables circulent sur l'origine de ce dicton.

D'abord l'intervention n'amena aucun résultat, mais l'évêque ayant jeté l'interdit sur le comté, Mathieu comparut devant l'évêque en son palais de Senlis. Il dut payer un marc d'amende aux moines et promettre de payer 10 livres si ses officiers ou lui-même n'observaient pas les engagements pris. En 1180, Philippe-Auguste lui fait don des fiefs de Ronquerolles et d'Attainville.

En 1181, Mathieu III accorde une charte de commune aux habitants de Beaumont.

Nous verrons plus tard quels avantages elle procurait à notre ville.

En 1188, Mathieu III assiste à l'entrevue de Philippe-Auguste avec Henri II à Gisors.

Il était accompagné des évêques et des grands du royaume, parmi lesquels l'évêque de Beauvais, Philippe de Dreux ; Robert, comte de Dreux ; le comte de Clermont ; Guillaume de Mello avec un grand nombre de chevaliers ; tous les assistants y prennent la croix. Les Français adoptent la couleur rouge comme signe de ralliement.

Mathieu III se fit relever de son vœu (1).

En 1183, le Valois fut acheté par Philippe-Auguste à Eléonore femme de Mathieu (2).

Eléonore de Vermandois, comtesse de Valois et de Saint-Quentin, était une princesse très pieuse qui se montra très favorable aux libertés des bourgeois de Saint-Quentin. Elle aimait beaucoup les lettres : le roman de Sainte-Geneviève fut composé sur sa demande. Elle se maria en secondes noces avec Etienne de Sancerre. En 1216, ils donnèrent en aumône aux moines de Notre-Dame-de-Lay, afin de faire célébrer chaque année leur anniversaire et celui de la reine Adèle, la vigne qu'ils avaient à Beaumont, achetée à Thibault de Ronquerolles par Eléonore et Mathieu.

(1) On sait que le roi de France partit à la troisième croisade avec Richard Cœur-de-Lion, fils de Henri II, roi d'Angleterre.

(2) Il fut affranchi par Philippe-le-Bel.

Peut-être Beaumont doit-il à la bonne influence d'Eléonore sur Mathieu l'établissement de la commune.

Mathieu III mourut en novembre 1209, laissant le comté à son frère Jean Ier.

JEAN Ier

Jean était fils de Mathieu et d'Alix. Pendant son règne Philippe-Auguste fut menacé par une redoutable invasion. Jean-sans-Terre, roi d'Angleterre, Ferrand, comte de Flandre, Othon, empereur d'Allemagne, le comte de Boulogne et les princes des Pays-Bas devaient attaquer la France. Les chefs ennemis, avec 100,000 hommes, étaient si assurés de vaincre, qu'ils se partageaient d'avance le pays. L'ordre de se lever en masse est adressé par le roi de France aux barons, aux chevaliers, aux écuyers, aux villes, aux villages. Partout il est exécuté avec enthousiasme. Robert de Dreux et Gauthier de Chatillon, son gendre, sont les premiers à Péronne, lieu du rendez-vous général. Le comte de Ponthieu se présente à la tête de vigoureux picards auxquels viennent se joindre les communes de Beauvais, Compiègne, Noyon et autres lieux. Ansolde de Ronquerolles, Manasses de Mello, Presse de Milly, le seigneur de Dargies, le chatelain de Beauvais se rangent sous la bannière d'Enguerrand de Coucy. L'archevêque de Reims, Robert de Châtillon, évêque de Laon, Philippe de Dreux, évêque de Beauvais, Guérin, évêque élu de Senlis arrivent des premiers avec leurs hommes des fiefs parfaitement équipés. Puis viennent Jean, abbé de Corbie, avec ses vassaux, Milon, abbé de Saint-Médard, avec 300 braves à cheval, Jean, comte de Beaumont, avec vingt chevaliers de son comté.

On marche contre l'ennemi que l'on rencontre à Bouvines. L'évêque de Beauvais excite le courage des chevaliers. Notre comte est placé à l'aile droite avec Gaucher, comte de Saint-Paul, Eudes de Bourgogne et Mathieu de Montmorency. Cette aile droite par ses charges vigoureuses entama les rangs ennemis.

Jean y montra le plus grand courage. Ferrand, comte de Flandre, qui supportait tant de coups impétueux, dut se rendre. La déroute des ennemis fut complète (27 juillet 1214).

Ce triomphe, auquel contribua dans une si large part le comte Jean, avait fait naître en France l'esprit national. On sentit ce jour-là que la victoire du roi était celle de la France.

En 1216, Philippe-Auguste, par une charte, règle ainsi les droits dus au comte de Beaumont pour les bateaux chargés qui passent à Beaumont :

18 deniers pour un bateau de foin ou de bois.
6 deniers pour un pressoir fourni de toutes pièces.
3 deniers pour les autres.
4 deniers pour un millier de douves à tonneaux.
6 deniers pour un bateau chargé de fruits.

Jean meurt sans enfants le 12 mars 1223. Avec lui s'éteint après deux cents ans la race des comtes de Beaumont.

Il avait épousé d'abord Gertrude de Soissons, fille aînée de Raoul, comte de Soissons et d'Alix de Dreux, sa première femme.

Son mariage ayant été déclaré nul pour cause de parenté, en secondes noces, il épousa Isabelle de Garlande, veuve de Gui le Bouteiller, seigneur d'Ermenonville, et fille de Garlande V seigneur de Civry, et d'Alix de Chatillon, dame de Clichy-la-Garenne.

VENTE DU COMTÉ

On trouve dans les actes du Parlement de Paris du 1er au 22 avril 1223, un arrêt de la cour du roi rendu à Vernon, adjugeant l'échoite du comté de Beaumont après la mort de Jean à Thibault d'Ully, cousin germain du défunt, fils d'Yves de Beaumont, et déboutant les enfants de Béatrix et de Marie, sœur dudit Yves.

Thibault, fils de mâle, eut donc le comté. Les sept contendants eurent les censives et autres terres tenues en villenage.

SEIGNEURS DE PERSAN

Le fils cadet de Mathieu Ier, Hugues de Beaumont, fut le premier de la branche des seigneurs de Persan. Il épousa Béatrix, dont il eut Yves et Guillaume qui épousa Emeline d'Ermancourt.

Ce Guillaume prit la qualité de maréchal de France dans une

obligation de 230 livres dont le roi Saint-Louis avait répondu pour lui envers Pierre de Chambly. (1)

Guy VIII, de la maison de Montmorency (2), épousa Isabeau de Beaumont, fille unique et héritière de Guillaume de Beaumont, comte de Caserte, seigneur de Pacy-sur-Marne.

Ils eurent deux fils, Guy de Laval et Guillaume de Laval.

Un autre fils de Hugues fut Hugues de Beaumont, seigneur de Persan et d'Offémont.

Il épousa Ade dont il eut Béatrix de Beaumont, dame d'Offémont, mariée à Guillaume de Thorotte, et Marguerite de Beaumont, dame de Persan, alliée à Gaucher de Thorotte, frère puîné de Guillaume.

Yves de Beaumont, seigneur de Persan, fils de Hugues de Beaumont, épousa Mahault, dont il eut Alix et Thibault.

Thibault, seigneur de Luzarches, acheta le comté de Beaumont et le vendit à Saint-Louis qui lui céda d'autres terres.

Le comté était entièrement libre lorsque Saint-Louis l'acheta : l'évêque de Beauvais avait renoncé aux droits qu'il avait sur son territoire.

Le comté fut donné successivement en apanage à des princes de la famille royale.

---

(1) Le chambellan étant à Saint-Jean-d'Acre (suivant un Trésor des Chartes du Roi au mois de juin 1250). Ce fait atteste que Guillaume suivit Louis IX dans sa première croisade.

(2) Seigneur de Laval, de Vitré, de Chatillon en Vandelais, d'Acquigny, d'Aubigné, de Loué, d'Olivet; comte de Caserte au royaume de Naples.

ARMES

Les armes des Comtes étaient :

D'azur au lion d'argent. (1)

Ou :

D'azur au lion d'argent à rose d'or, d'où sortent huit bâtons fleurdelisés de même par le bout, posés en croix et en sautoir, brochant sur le tout.

(1) L'Armorial général porte : Beaumont, d'azur au lion d'or ou de gueules au lion d'argent.

ARMES DES SEIGNEURS DE LA MAISON DE BEAUMONT

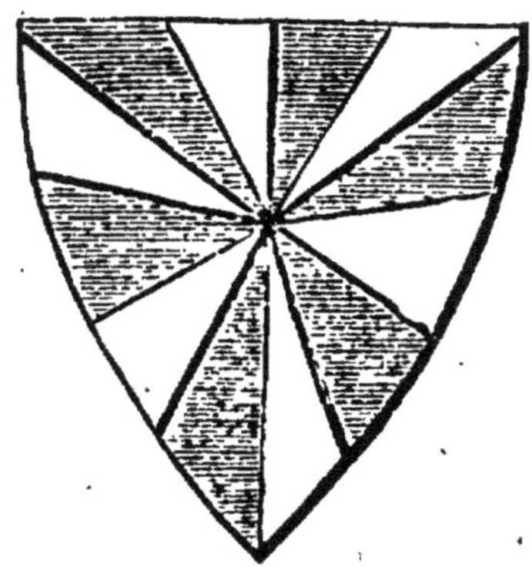

Ce gironné se trouve en sceau de divers actes passés par les seigneurs de Luzarches, de Clichy et de Ste-Geneviève. Hugues, vicomte de Beaumont, seigneur de Persan, troisième fils de Mathieu Ier, est la tige des seigneurs de Luzarches; Hugues, fils d'Yves II, est la tige de ceux de Clichy et Jean de Beaumont, chevalier, commença la branche de Ste-Geneviève. (1)

(1) Jean de Beaumont avait un sceau rond de 50mm. Type équestre. Le bouclier et la housse au gironné des Beaumont (1274).

Voici, à titre de documents, deux sceaux intéressants pour la ville :

Pierre de Luzarches, bourgeois de Beaumont (1259) : Sceau rond de 30mm. Dans le champ une fleur de lis.

Bercher Jean, bourgeois de Beaumont (1242) : Sceau rond de 45mm. Dans le champ un lion rampant. (*Inventaire des sceaux de Picardie.* — Demay.)

LE CHATEAU

Nous avons dit que les Francs avaient établi leur domination sur la Gaule qu'ils avaient traitée en pays conquis.

Le chef avait donné de vastes territoires à ses plus braves guerriers ; ceux-ci à leur tour avaient fait des présents à leurs compagnons ; mais ces derniers devaient aide et redevance à leurs donateurs.

Celui qui donnait la terre était le suzerain, celui qui la recevait était le vassal.

Le vassal prêtait hommage tête nue, sans épée, sans éperons, à genoux, les mains dans celles du seigneur qui était assis, la tête couverte. Il disait :

« Je deviens votre homme de ce jour en avant, de vie, de « membre, de terrestre honneur et avec vous, serai féal et loyal « et foi à vous, sauf la foi que je dois à notre seigneur le roi. »

Quand l'hommage était rendu par une femme, elle ne pouvait pas dire : « Je deviens votre femme...... » parce qu'il n'est pas convenable qu'une femme dise qu'elle deviendra la femme d'aucun autre que son baron quand elle est épouse.

Robert d'Artois, comte de Beaumont, ayant à recevoir deux hommages de son amée cousine madame Marie de Brébant, dame d'Arschot et de Vierzon, ordonna : « Que nous et la « dame de Vierzon, devons être à cheval et notre cheval les deux « pieds devant en l'eau du gué de Noies et les deux pieds de « derrière en terre sèche par devant notre terre de Melun et le « cheval à ladite dame de Vierzon les deux pieds de derrière en « l'eau du dit gué et les devant à terre sèche par devant notre « terre de Melun (1) . »

(1) Chateaubriand. *La France féodale.*

Ces coutumes par trop chevaleresques seraient risibles si l'é misérable des serfs et des vilains ne venait nous attrister.

Les serfs ou hommes de la terre étaient livrés à l'entière d crétion du seigneur. « Le sire, dit Beaumanoir, peut leur pren « tout ce qu'ils ont et les tenir en prison toutes les fois q « lui plaît, soit à tort, soit à droit, et il n'est tenu à en répond « fors à Dieu. »

Au-dessus d'eux, étaient les vilains, manants ou roturiers, tenaient du propriétaire domanial, à condition de rente annu et de corvées, des terres censives qu'ils pouvaient transmet avec tous leurs biens à leurs enfants; mais la redevance annu était lourde et les corvées ordinaires et extraordinaires n'étai pas moins accablantes.

Une idée vient en lisant le récit des misères endurées par sérfs et les vilains : Pourquoi les paysans ne se révoltent point ? Comment le seigneur, avec une poignée d'homn qui sont à lui, qu'il paie et nourrit, peut-il tenir tant de gens servitude ?

On songe bientôt cependant que le maître avait un chât et que si sa demeure n'était pas imprenable, pour la prendre fallait toute une armée fort bien organisée. Comme le seigne derrière ses bonnes murailles, rirait de ces paysans en révol armés de fourches et de bâtons, s'épuisant en efforts inut contre la forteresse qu'ils ont dû élever !

Après le semblant de lutte, sortant de sa tour, avec ses g d'armes à cheval, avec sa grande épée, sa longue lance, le co revêtu de son armure impénétrable, il fondrait sur les rebell dévasterait les champs, foulerait les manants aux pieds chevaux.

Pour frapper davantage la population, il pendrait à la porte sa seigneurie, à son gibet, les manants les plus coupables, dont squelettes cliquetants jetteraient longtemps l'épouvante.

Reconstruisons, grâce aux ruines qui nous restent et à quelq plans, l'ancien édifice. Ainsi qu'il est encore facile de le rec

BEAUMONT AU XIIe SIÈCLE

naître, l'ensemble des bâtiments formait une enceinte régulière en forme de demi-cercle.

La terrasse du côté nord dominait la haute pente à pic ; vers l'est, les murs se dressaient gigantesques ; sur les deux autres côtés, on avait creusé au pied de la muraille un fossé large, profond, que le dernier possesseur, le prince de Conti, fit combler il y a un siècle.

Le château de Beaumont a toujours été considéré comme un des plus forts de la région.

Il aurait été bâti vers 1185 (1) par Mathieu III, ce qui est peu probable, étant donnée la constitution du ciment romain qui servit à l'édifier.

Mathieu l'a peut-être restauré, mais la date de construction semble être de beaucoup antérieure au XIIe siècle.

Le village se trouvait sur le plateau aujourd'hui à l'est de la ville, le château s'établit à l'ouest du village dans la position la plus favorable à la défense.

C'est de cette époque que date le déplacement de Beaumont. Les masures des manants s'établirent au pied même du château, afin d'être protégées en cas d'attaque.

Les rues Haute et Basse de la Vallée furent les premières bâties. (2)

Les murs, comme il est facile de le voir encore, étaient hauts, épais, très résistants. A leur sommet, ils étaient percés d'archères (3) et pourvus de créneaux. La construction formait la moitié d'un polygone régulier de quatorze côtés. Il y avait donc sept tourelles rondes. Leur forme les rendait plus solides ; leurs

(1) D'après l'abbé Delettre.

(2) On voit dans la gravure ci-contre le premier mur d'enceinte vu de l'Oise. Le pont n'est pas encore fait. On voit l'église primitive, la tour est inachevée. En face se trouve le château avec ses tours et la chapelle Saint-Léonor. Cette vue est donc celle de Beaumont au XIIe siècle.

(3) Archère. Fenêtre longue, étroite, oblique, par laquelle l'archer lance ses flèches. L'archère ne s'apercevait du dehors que comme une fente.

flancs arrondis faisaient saillie en dehors des murailles de l'enceinte. L'espace entouré par les murailles comprenait le jardin des seigneurs et des moines, ainsi que les bâtiments affectés à des services divers.

Au centre se trouvait la cour d'honneur du château.

Elle était petite et devait être sombre, froide et triste. Avec le corps du logis, il y avait là les écuries, les magasins. A l'extrémité de la cour, du côté où la pente moins escarpée rend l'accès plus facile, — pour les maîtres, du moins — se trouvait l'entrée. On voit encore la porte voûtée où se trouvait le pont-levis.

Le pont mouvant couvrait en se levant la porte du château s'il était baissé, il permettait d'entrer.

Un jour de lutte, forçait-on le pont, lorsqu'il était levé? dans l'étroit couloir où l'on se trouvait engagé, se dressait une lourde grille en fer, la herse, qui permettait de prendre l'ennemi comme dans une souricière. Enfin, si, malgré les archères et la herse, on entrait, on se trouvait dans la cour du château. Les flèches et les grosses pierres pleuvaient nombreuses et les assaillants n'apercevaient pas les assiégés.

Les gens du château, quand la cour allait être prise, se réfugiaient dans le donjon, c'est-à-dire la maison principale, une grosse tour plus haute, plus épaisse, plus forte et mieux défendue encore que tout le reste. Et dans le donjon, les soldats invisibles faisaient une résistance opiniâtre. Une poignée d'hommes résolus, ayant des provisions, pouvaient tenir tête à une armée tout entière et lasser son courage. Le donjon était la demeure du seigneur. La porte était à la hauteur du premier étage. Quelle habitation triste, avec ses chambres hautes et sombres à cause de ses petites fenêtres sans vitres! A chaque étage, — il semble qu'il y en ait eu trois dans les bâtiments de notre château — se trouvait une énorme cheminée de pierre. Le plancher était de terre battue; l'hiver on faisait la jonchée : on étalait une bonne couche de paille.

Le rez-de-chaussée du donjon, où l'on descendait par un étroit escalier, servait de cellier pour entasser les provisions. (1)

Dans l'une des tourelles du château, tout en haut, était une petite chambre ronde, avec quatre fenêtres regardant aux quatre coins de l'horizon : c'était la guette. Là, le guetteur veillait jour et nuit; nul ne passait sur les routes sans être épié. Puis sous le toit pointu était suspendue une petite cloche qui appelait au travail les serviteurs ou les hommes de corvée. Le son de cette cloche ou le bruit du cor du guetteur, qui avertissait de l'approche de l'ennemi ou rappelait les hommes d'armes en tournée, troublait souvent la sécurité des paysans.

Dans sa forteresse silencieuse, le seigneur s'ennuyait. Tout le jour, quand le temps était beau, il chevauchait par ses domaines avec ses hommes d'armes, ou bien il chassait, saccageant les récoltes, sans se soucier de si peu. Pendant les journées pluvieuses et les longues soirées d'hiver, le seigneur, devant sa large cheminée, ne savait que faire. Il méprisait les paysans, jalousait les seigneurs voisins; une seule chose le faisait vivre : la guerre. Il pensait à la prochaine expédition dans laquelle il taillerait en pièces de nombreux manants, brûlerait quelques villages, dévasterait de belles récoltes et reviendrait chez lui chargé de butin et de gloire.

Hélas! c'était toujours sur le malheureux paysan que retombaient ruine et dommage. Après chaque guerre, combien de malheureux étaient jetés au fond des geôles ou cachots, plus d'un est resté là enfermé des mois; puis est mort de faim, de misère et de désespoir.

Le seigneur malheureux pouvait toujours se dérober. N'avait-il pas de vastes souterrains dont on aperçoit encore à l'entrée l'escalier rapide? Une tradition du pays dit qu'ils aboutissaient

(1) Les ruines du donjon nous semblent être l'habitation qui paraît taillée dans un mur de sept mètres d'épaisseur où demeure ordinairement le concierge de la maison bourgeoise (que l'on désigne à tort sous le nom de château).

bien loin. L'un d'eux se rendait dans la campagne de Persan (1) comme semble en témoigner un tourbillon placé près du pont, sur la rive droite, et ce qui reste de la galerie qu'on visite encore jusqu'à l'Oise. D'autres aboutissaient dans la campagne de Presles, dans celle de Mours et dans celle de Noisy, si l'on s'en rapporte à leur direction et à la légende.

La place du château est minée par ces souterrains qui rayonnent de l'ancienne forteresse. Les caves de nombreuses maisons conserveront longtemps encore leur solidité et leur bel aspect. La forme en est toujours la même : une voûte en ogive ou en demi-cercle. Par ces passages obscurs et mystérieux, on pouvait, en cas de siège, faire entrer des secours dans la place, ou le seigneur et ses gens avaient le moyen de s'échapper sans même éveiller les soupçons de l'ennemi. (2)

La forteresse, par ses moyens de défense apparents ou cachés, permettait au seigneur d'être le maître le plus absolu et de s'arroger les droits les plus exorbitants. Outre la taille et les corvées, chaque seigneur était le seul grangeur, le seul meunier, le seul fournier du lieu.

Il avait une vaste grange, un grand four, un moulin bien installé, et des gens pour faire le travail : nul n'avait le droit de rentrer son grain ailleurs qu'à la grange banale (3), de le faire moudre ailleurs qu'au moulin banal et de faire cuire le pain ailleurs qu'au four banal. La rue du Four témoigne de l'existence

(1) On dit même au petit Mus, près Chambly.

(2) Un souterrain qui forme maintenant les caves des maisons situées place de l'Hôtel-de-Ville, aux coins de l'Avenue, de la rue Victor-Hugo, de la rue de Paris (des deux côtés) semble aller vers Presles. Un autre devait permettre de se rendre à l'abbaye du Val de-Noisy (la première maison à droite ; on y voit encore les ruines d'une chapelle et l'entrée de la galerie).

Un autre existe dans la dernière maison qui a accès à la fois sur la Place du Château et la rue Victor Hugo.

Rue Basse-de-la-Vallée, toute maison a son souterrain.

(3) On donnait le nom de banal à tout ce qui appartenait au ban ou domaine du seigneur.

de ce four à Beaumont; et le seigneur se faisait payer pour un service forcé qu'il rendait aux gens malgré eux.

Il prenait encore des droits sur les troupeaux, sur la vente des denrées; il faisait payer le droit d'aller sur ses routes que les paysans entretenaient : *Le serf est comme bétail en parc, poisson en vivier, oiseau en cage... Le seigneur enferme ses manants comme sous portes et gonds, du ciel à la terre. Tout est à lui, forêt chênue, oiseau dans l'air, poisson dans l'eau, bête au buisson, l'homme qui vient, l'onde qui coule, la cloche dont le son au loin roule.* Ces singuliers principes sont exposés dans une formule de *droit*.

Il ne faut pas oublier que le seigneur avait droit de haute et basse justice. Or, comment l'accuser puisqu'il était toujours souverain juge? Le propriétaire du château n'était pas le seul maître; une autre puissance, pour être un peu moins rude, n'était pas moins une autre chaîne : c'était l'Eglise.

L'ÉGLISE A BEAUMONT

Au point de vue ecclésiastique, Beaumont faisait partie du diocèse de Beauvais. Le christianisme avait été prêché dans nos contrées par saint Lucien, premier évêque et martyr à Beauvais.

Le diocèse avait eu d'abord l'Oise pour limite méridionale. Puis il établit ses avant-postes en face de Senlis, au-delà de Beaumont, jusqu'au ruisseau qui baigne l'abbaye du Val. Déjà, au VIIe siècle, il avait franchi l'Oise. En 672, Clovis III, dans un séjour à Luzarches, jugea un procès concernant une propriété sise à Noisy, *dans le comté de Chambly, diocèse de Beauvais*.

Vers 700, fut fondée par Charderu, abbé de Saint-Denis, sur une de ses propriétés, dans le ressort du comté de Chambly, en un lieu nommé Tussonval, une abbaye sous l'invocation de saint Denis et de saint Marcel. Son neveu Magnoald en eut le gouvernement. Ce monastère eut les plus grands privilèges, confirmés en 695 par Childéric III (1), et donna lieu deux ans après à un procès que Childebert lui-même eut à juger, pendant un séjour à Compiègne.

En 815, par décision du concile de Noyon, Beaumont ressort du diocèse de Beauvais.

En 1127, il existait à Beaumont, sous l'invocation de saint Pierre, une petite chapelle qui fut donnée en 1127 par Pierre, évêque de Beauvais, au prieuré de Saint-Léonor. Elle était habi-

---

(1) Nous avons déjà parlé de cet acte pour établir les lieux du comté de Chambly.

tée par le vicomte Garnier et une recluse; puis le service divin y fut célébré par des moines. Elle était située sur le chemin de Pontoise, à son intersection avec le petit chemin de Mours ou de l'Arquebuse. (1)

En 1170, Barthélemy de Montcornet, évêque de Beauvais, protégea un monastère situé près de notre ville contre les entreprises d'un seigneur voisin qui l'avait dépouillé d'une partie de ses revenus. L'abbaye de Molesmes possédait le prieuré de Notre-Dame-des-Champs que les comtes de Beaumont avaient fondé sur leurs domaines. Il était situé près de la route actuelle de Beaumont à Paris, entre la rue des Quatre-Vents et la route de Mours à Nointel, à mi-chemin environ, du côté droit, en allant à Presles.

Les religieux de ce prieuré étaient, de temps immémorial, en possession de la dîme de Beaumont, lorsqu'ils en furent tout à coup violemment dépouillés par Ansculphe, seigneur d'Hémonville; ils portèrent plainte à l'évêque de Beauvais contre cet injuste spoliateur. Barthélemy le pria aussitôt de réparer son dommage; Rotrode, archevêque de Rouen, dont le diocèse comprenait Hémonville, avait approuvé le prélat. Ansculphe ne tint aucun compte des représentations qui lui furent faites. Mais il dut bientôt céder : son désaveu fut complet.

Il se transporta en l'église Saint-Laurent de Beaumont et reconnut, en présence des fidèles assemblés, qu'il avait commis une grande injustice envers les religieux. En conséquence, il leur restitua tout ce dont il s'était indûment emparé, exprima son repentir, demanda et obtint la levée de l'excommunication dont il avait été frappé. Après quoi, l'évêque de Beauvais donna aux religieux une charte qui confirme leurs droits, datée de 1170; elle porte la signature de Mathieu II, comte de Beaumont, et de ses enfants.

(1) Le lieu est encore dit Saint-Père par corruption. Sur le cadastre, on voit encore, proches de l'ancien emplacement de la chapelle, le chemin de la Messe et le canton de la Croix-des-Bannis.

Le prieuré de Boran occupa aussi ces mêmes évêque et comte. Ce prieuré, établi par l'abbaye du Paraclet, un peu au-dessus de Beaumont (1), sur la rivière d'Oise, n'avait que très peu de revenus, et les religieuses qui l'habitaient en étaient réduites à vivre très pauvrement. Elles avaient cependant acquis une terre contiguë à leur monastère pour en faire un lieu de sépulture et elles avaient prié l'évêque de Beauvais de faire la bénédiction de ce coin de terre. Le prélat se rendit à leur invitation et sa présence y attira une partie de la noblesse des environs. Il se sentit si touché de l'état de pauvreté des religieuses qu'il n'hésita pas à faire appel à la charité publique en leur faveur. (2)

Aussitôt une association se forma pour subvenir aux besoins du prieuré. Mathieu, comte de Beaumont, et Alix, son épouse, non contents de lui offrir un secours temporaire, lui assurèrent un secours pour l'avenir. Avec le consentement de Mathieu et de Philippe, leurs fils, ils assurèrent aux religieuses une rente annuelle et perpétuelle consistant en un muid de blé avec la dîme du lin et du chanvre, fruits, oisons, poulets, agneaux, ânes, chevaux, sur toute l'étendue du territoire de Boran (3). Donc, partout la puissance de l'Eglise, qui procède de celle des seigneurs, s'allie avec cette dernière.

Le Comté comptait 1 abbaye, 43 cures et 12 prieurés : ceux

(1) Au lieu dit le Couvent, à Boran.

(2) *Histoire du Diocèse de Beauvais*— M. l'abbé Delettre.

(3) Les religieuses profitèrent encore des libéralités des seigneurs de Boran, Lys, Morancy et autres lieux. Cependant à la fin du XIIIe siècle, l'évêque de Beauvais, « considérant la grande pauvreté dudit prieuré, consentit que les filles « qui se vouldraient rendre religieuses apportassent dix pistoles et donnassent « leurs biens, comme aussi de recevoir les aumônes des gens de bien, ce qui « occasionna Mathieu, comte de Beaumont, et Éléonore, sa femme, à donner au- « dit prieuré un muid de blé à prendre dans leur grange de Borrang, après tou- « tefois les religieux de Saint-Leonard *(sic)*, de Beaumont. » Guillaume de Beaumont leur fit présent, en 1203, de la moitié de la terre de Nointel, afin que les pauvres religieuses puissent « boire du vin le caresme pour mieux supporter la fatigue. »

En 1228, saint Louis acheta leur ferme et la grange de Cuimont pour y fonder l'abbaye de Royaumont. Le prix de son acquisition était de sept livres de Baillon, Beaumont, Belle-Église, Boran, Bernes, Bouqueval, Chambly, Ercuis, l'Isle-Adam, Mafliers, Morangles, Nointel.

Celui de Beaumont, qui portait le nom de Saint-Léonor, aurait été fondé vers la fin du XIIe siècle. Si l'on en croit la version de M. Delettre, Mathieu, qui faisait alors construire le château de notre ville, édifiait en même temps une église en l'honneur de Saint-Léonor, dans l'enceinte même du château, pour y fonder un prieuré. L'édifice fut terminé en 1185.

Cependant une tradition rapporte que : « En 966, la translation des reliques de saint Léonor, évêque-régionnaire de Bretagne, « se fit à Beaumont-sur-Oise, par Salvator, évêque d'Aleth, afin « de les garantir de la fureur des Normands et Danois, époque, à « ce qu'il paraît, de la fondation du prieuré de cette ville, qui, « par sa position près du château-fort, les préservait des insultes « de ces barbares ». (1)

Si le fait n'est pas vrai, il est au moins vraisemblable. Aussi est-il plus logique d'admettre, avec Douet-Darcq, la fondation par Yves Ier. Mathieu Ier enrichit le prieuré et lui fit diverses donations, dont la date est évidemment antérieure à 1185.

six sols parisis du revenu sur le péage de Beaumont et tout ce qu'il possédait de terres labourables à Bernes. L'abbesse était alors de la maison de Beaumont.

En 1234, le même roi leur donna encore une grange à Bernes. Peu de temps après, il remplaça les religieuses par des moines dont le séjour fut, du reste, de courte durée. Philippe-le-Bel, par une charte datée de Neufchâtel-en-Bray (novembre 1298), donne aux religieuses la dîme du pain et du vin qui se consommerait à l'avenir en son château d'Asnières, lorsque lui et sa femme et après eux leurs successeurs, y séjourneraient. Le même roi (mai 1299) leur donne aussi une dîme en nature convertie plus tard en une rente de 20 livres.

Le couvent fut pillé aux XIVe et XVe siècles. Il le fut encore pendant la Ligue et, les sœurs étant parties, le seigneur de Persan confisqua leurs biens qu'il dut rendre par autorité de justice. Les sœurs revinrent sous Louis XIII ; elles étaient obligées d'occuper les bâtiments épars dans l'enclos. Tardieu, lieutenant criminel de Paris, à la sollicitation de la sœur prieure de la maison, fit relever le monastère sur les ruines de l'ancien ; mais sa mort interrompit les travaux après la construction d'une seule aile. Louis XIV délivra, le 31 décembre 1657, des lettres confirmant aux religieuses la possession de leurs biens.

En 1789, les revenus du couvent de Boran s'élevaient à 11,634 livres. L'église et les bâtiments claustraux ont été démolis.

(1) Extrait de la *Chronologie et Topographie des Saints* (Baillet, 1724).

Le prieuré avait des terres et dîmes à Asnières-sur-Oise, Beaumont, Boran, Chambly, Champagne, Crouy, Franconville, Mesnil-Saint-Denis, Montigny, Morangles, Morancy, Neuilly-en-Thelle, Nogent, Persan. Il avait manoir et grange à Bernes, seigneurie à Fresnoy-en-Thelle.

Voici, depuis 1110, la liste des prieurs jusqu'en 1523 :

1110, Henri. — 1151, Normanus, avant 1157, Foulques; — de 1178 à 1184, Adam de Beaumont; — 1215, Girard, — 1240, Eudes de Courpalais; — 1270, Jehan du Temple; — 1279, Pierre Portefleur; — 1287, Rollan, puis Adam de Circnt, mort en 1298; — Simon Dourniaus; — Fulbert; — en 1456, Eustache Meunier ; en 1487, Claude Parent ; en 1495, Jean Berchère, en 1513, Michel Melot. — En 1514, Michel Marc, morten 1528; — En 1523, Jean Proby; — En 1735, messire Claude Boucher, prieur et conseiller au parlement de Paris.

Parmi les curieuses donations faites en faveur du prieuré de Saint-Léonor, citons une charte de Mathieu II, par laquelle il donne aux moines un droit d'usage consistant dans la charge d'un âne, à prendre dans la partie affectée au bois de chauffage des comtes de Beaumont, plus un revenu de 15 sous beauvoisins, dont 12 provenant de la location desétaux des bouchers de Beaumont, plus un sommier pour le moulin des moines. Enfin il lègue son haras après sa mort.

Dans le prieuré se trouvaient les tombeaux des comtes de Beaumont. On les y voyait encore avant la Révolution (2).

---

(1) D'après Douet-Darcq, cette liste, qui commence à 1110, assigne pour la fondation, une date antérieure à celle de M. Delettre. Il en est de même de la charte de 1127 en faveur du prieuré.

(2) Voici, à des dates diverses, à titre de pure curiosité, le détail du prieuré — On lit dans un acte du 7 novembre 1528 : « Le lieu Pourperie dudit Prieuré, contenant maison à deux corps d'hôtel, cours et jardins, bas et haut, cave, lieu et pourprie *(sic)* tout clos et formé de murs seant audit Beaumont, tenant d'une part à l'Eglise dudit prieuré qui est fondé de Monsieur Saint-Léonor *(sic)*, d'autre part aux anciennes murailles du château et fossés d'icellui, aboutissant d'un bout au dit fossé et d'autre bout sur la grande cour dudit château. »

De 1640 : « Au sieur prieur appartient en domaine le lieu et pourpris dudit

Au XIIe siècle, les moines du prieuré de Saint-Léonor dirigèrent les travaux exécutés pour la construction du pont de pierre. En récompense, le comte Mathieu Ier leur accorda cent sous beauvoisins de droit de travers à prendre chaque année sur ce pont et 10 mines de sel. Mathieu II confirma ce don par une charte de 1160. En 1222, Milon de Nanteuil fait avec Philippe-Auguste, de concert avec le chapitre de la cathédrale, une transaction concernant le comté de Beaumont.

Le comté était mouvant de l'Eglise de Beauvais et les comtes tenus à la foi et hommage envers l'évêque ; de sorte que le roi qui venait d'acheter le domaine de nos seigneurs aurait eu le même devoir à remplir envers le prélat. Mais afin de n'être pas le vassal de celui dont il était le premier seigneur suzerain, il proposa un échange qui fut aussitôt admis. L'évêque renonça, ainsi que le chapitre, à tous droits sur le comté. Il est vrai que le roi leur donnait en retour un fief sis à Bury et les dîmes de Boran.

Nous verrons dans le cours de cette histoire que les rois et les évêques n'ont pas toujours été si accommodants.

---

prieuré, consistant en maison, deux corps d'hôtel, salle, cuisine à côté, deux chambres hautes, greniers, caves, cours, jardin, allée pour aller à l'église, ledit lieu fermé de murs, réservé un côté où il y a une petite haie vive, le tout séant dans l'enclos du château dudit Beaumont tenant à l'église dudit prieuré fondé de M. Saint-Léonord *(sic)*, d'autre côté aux anciennes murailles, etc.... »

Du 22 novembre 1718, « Bail sous seing-privé fait par le fondé de procuration de M. de Fleury au sieur Jacques Binot, Ecuyer, capitaine, demeurant à Versailles, du château dudit prieuré, dont la désignation y est ainsi faite : La maison consistante en une grande salle basse, salle à manger, office, cabinet, cuisine, trois chambres avec les cabinets et greniers, cave, petite cour, le jardin parterre et le jardin de la terrasse avec les arbres, l'écurie et la remise, le tout comme s'étend et comporte et comme en ont toujours jouy Messieurs les précédents prieurs sans que dans ledit bail soient compris les chambres et greniers étant sur l'Eglise, ni la maison et lieux qui est occupée par Henry Cochegrue, jardinier dudit seigneur, aux charges portées audit bail et moyennant 150 livres de loyer par an. » *(Archives communales.)*

L'ÉGLISE DE BEAUMONT

L'église s'élève au sommet d'une éminence dont le pied est baigné par l'Oise. Elle attire au loin l'attention par la hauteur, les belles proportions de son clocher et l'élégante légèreté du dôme qui la termine.

Le patron de l'église est saint Laurent. Longue de $37^{m}20$ à l'intérieur et large de $21^{m}50$, elle était destinée par ceux qui la fondèrent, à devenir un grand et riche édifice ; mais elle paraît n'avoir pas été achevée sur le plan primitif ainsi que nous le verrons plus loin. Elle date, d'après ses caractères, des derniers temps de l'architecture romane et du commencement du gothique. Elle est régulièrement orientée. Son portail, auquel on arrive par un vaste escalier, est tourné vers l'ouest. Il n'y a pas de crypte, de transepts de chapelles autour du chœur, un double rang de colonnes est placé de chaque côté de la nef, formant ainsi quatre nefs latérales. Les colonnes en faisceaux ne se trouvent qu'aux points où gît la principale poussée des voûtes. La forme générale de l'église est celle d'un parallélogramme dont le côté Est porte une partie saillante formant l'abside. Ainsi, nous trouvons quatre nefs latérales, défaut de transepts, abside rectangulaire : ceci pourrait trouver son explication dans la dédicace de l'église. Au moyen-âge, les idées religieuses étaient rendues palpables par de naïfs travaux. L'architecte aurait voulu consacrer le martyre de saint Laurent par la forme même du monument qui rappelle celle d'un gril (1).

(1) Nombre d'églises dédiées à saint Laurent offrent cette particularité.

Des têtes saillantes semblant celles de moines, les feuillages élégants, les ogives qui ornent le portail sont des ouvrages du XIIIe siècle.

Cependant la forme générale très simple de l'église et deux autres particularités importantes indiquent que le monument a été élevé dans la seconde moitié du XIIe siècle. (1)

L'abside porte des traces évidentes de travaux peu anciens. Elle était dans l'origine moins élevée que le reste de l'édifice; de plus les sculptures de ses chapiteaux sont d'une grande simplicité, les trois fenêtres étaient à plein cintre et sans aucun ornement.

Tout semble indiquer que cette partie de l'église, qui, du reste, est la plus ancienne de toutes, peut être reculée au XIIe siècle. La pénitence publique d'Ansculphe en 1170, dans l'église Saint-Laurent, apporte un nouveau témoignage en faveur de cette dernière opinion.

Il y avait avant 1868 une voûte en maçonnerie posée sur les chapiteaux et l'entablement de la galerie supérieure de la nef, au dessus d'une ancienne voûte aujourd'hui disparue. Il existait donc dans l'église deux voûtes superposées, la plus moderne placée inférieurement et cachant l'autre. La charpente en bois soutenant la toiture du bâtiment était encore à peu près l'ancienne voûte telle qu'elle avait été établie. Il y a vingt ans seulement, Beaumont possédait encore l'exemple extrêmement rare d'une voûte en bois presque entièrement conservée (2). Elle couvrait la nef seulement. Il est à regretter qu'elle ait été démolie, car il y a bien peu d'églises qui aient conservé cette fragile marque de leur ancienneté.

(1) Remarquons que l'église possède le fait extrêmement rare d'une voûte, celle du chœur, dont les dalles sont posées en oblique, ce qui présentait une grande difficulté dans l'exécution.

(2) Dès le XIIIe siècle, on ne construisait plus dans l'architecture religieuse que des voûtes en pierre. — La voûte en bois avait fait classer l'église comme monument historique. — La tour seule est aujourd'hui classée.

La grande tour est près de trois siècles postérieure aux autres parties de l'édifice. L'ancien clocher était une tour pentagonale, engagée entre les cinquième et sixième fenêtres côté nord. Il avait son entrée aujourd'hui condamnée dans l'église même. Peut-être était-ce non pas le clocher, mais un escalier pour les galeries. En effet la nef était surmontée de galeries à grandes arcades ogivales correspondantes à celles de la nef et chacune encadrant trois arcades plus petites, en ogive aussi. Ces galeries servaient à placer une partie des fidèles. On en retrouve dans les temples fort anciens : elles étaient alors exclusivement réservées aux femmes.

La partie la plus majestueuse de l'église est la tour carrée élevée au sud, d'une hauteur d'environ 40 mètres. On voit distinctement l'endroit où elle se joint avec les murs plus anciens de l'église. Sur chacune des trois faces dégagées, il y a huit fenêtres.

A chaque angle s'appuie une paire de contreforts qui montent de la base au faîte en subissant quatre retraits, un par étage. Chaque face de la tour est divisée en deux parties, par un contrefort plus mince. Cinq des principaux contreforts portent une niche à pendentif découpée à jour avec une grande richesse. La console de ces niches est ornée de figures assez disgracieuses, de moines en prière, un homme et une femme se donnant le bras, quelquefois des écussons armoriés. L'un d'eux subsiste encore: c'est probablement le blason d'un bourgeois de la ville, d'un maire, peut-être. Il porte trois coquillages, l'un en pointe, deux en chef, entre lesquels se trouve une escarcelle. L'escarcelle indique la bourgeoisie; les coquilles indiqueraient que le bourgeois aurait fait le voyage à Saint-Jacques-de-Compostelle (1).

Dans la tour a été installée l'horloge avec la sonnerie.

La cloche occupe un vaste espace, environ à vingt-cinq mètres au-dessus du sol.

Cette cloche, d'un poids de 3,000 kilos, fut fournie par

(1) Si ce blason était celui d'un guerrier, il porterait un casque ou une cuirasse.

le roi Charles X qui à lui seul couvrit une souscription publique pour l'établissement de la cloche. (1)

Voici l'inscription de la cloche :

1828 J'AI ÉTÉ NOMMÉE ANTOINETTE PULCHÉRIE PAR M. LE BARON CAPELLE COMMANDEUR DE LA LÉGION D'HONNEUR CONSEILLER D'ÉTAT PRÉFET DU DÉPARTEMENT DE SEINE ET OISE, ET PAR Mme DE LAVENAYE ET BENITE PAR Mgr Etne Jne Fçois BORDERIES ÉVÊQUE DE VERSAILLES.

OSMOND FONDEUR DU ROI M'A FAITE A PARIS.

MM. Poupon, Dupuis, Rué, Mrs (marguilliers) *Descroisettes, T.* (trésorier).

La frise large et saillante qui décore le sommet de la tour mérite toute l'attention. Sur chaque demi-face de la tour, la frise est composée de quatre pierres réctangulaires dont chacune est sculptée d'un sujet particulier. La frise entière comprenait donc trente-deux sujets; mais, malgré le relief et la bonne exécution des figures, la hauteur où elles se trouvent et les ravages du temps empêchent de les distinguer (2). Cependant on voit du côté sud St-Laurent avec ses habits sacerdotaux, debout, les mains jointes, portant son gril, on aperçoit aussi un buste de prince coiffé d'un turban orné d'un énorme panache, un guerrier en marche, une femme mordue au cœur par un serpent.

Au dessus de cette frise, dans les angles de l'entablement, sont les gargouilles ou gouttières en pierres sculptées. Il y en a sept dont six représentent une sorte de loup accroupi; l'autre, au sud, est une belle femme aux longs cheveux, assez légèrement vêtue pour que son corsage croisé en châle, laisse voir sa gorge à découvert. Elle porte sa main gauche demi-fermée à son front comme pour mieux voir ceux qui passent en bas. De la main droite, elle

(1) Lors du sacre de Charles X, la cloche ayant été cassée pendant les sonneries en l'honneur de la cérémonie, une souscription fut ouverte afin de pourvoir au rétablissement. Elle avait bien réussi lorsque le roi fit don de la cloche. La souscription servit à payer le montage.

(2) Du côté où la frise a été restaurée, on a enlevé les sculptures pour y mettre des arceaux;

relève hardiment sa robe jusqu'à la ceinture; mais au lieu d'un beau corps, elle laisse voir les spirales d'un basilic à tête monstrueuse qui ouvre la gueule en agitant son dard. C'est la sirène du moyen-âge, c'est l'image du vice qui cache sa laideur sous des traits enchanteurs.

Le sommet de la tour est couronné par un dôme portant une lanterne octogonale, le tout en pierre. Cette lanterne est reliée au dôme par un poisson de forme allongée qui appuie, en se contournant, la partie inférieure de son corps sur le dôme et la partie supérieure contre la lanterne.

La calotte du dôme est garnie d'aigles, de griffons et d'animaux que le temps a rongés et rendus méconnaissables. Autour de la plateforme du dôme, règne une galerie à jour ornée à ses angles de grandes urnes et d'autres sculptures modernes. Mais les griffons et une gargouille à tête grotesque au pied de la lanterne, attestent que cette partie est du commencement du XVIe siècle.

On aperçoit aussi sur le côté sud de la tour une sculpture représentant un homme conduisant un bœuf. Quoique la partie supérieure ait été détruite, on voit que l'homme portait une hache ou un bâton sur l'épaule, et l'animal une couronne ou un bouquet de fleurs sur la tête. Cette sculpture, unique dans l'église, est-elle là pour rendre hommage aux travaux de l'agriculture, perpétuer une légende de saint ou un don fait par la corporation des bouchers pour l'érection de la tour? Voilà ce qu'on ne saurait dire.

A l'intérieur, aucun ornement curieux. Sur les chapiteaux, il n'y a que quelques têtes d'un style grossier. Les clefs de voûte sont formées de rosaces très simples. Les chapiteaux de l'abside dénotent la fin du XIIe siècle, les autres ont le style du XIIIe siècle (1) Ces derniers, quoiqu'au nombre de soixante, sont d'une exécution remarquable et tous de dessins différents.

(1) La base des colonnes est faite de simples moulures ou de feuilles; pour trois seulement, il faut signaler à la base des têtes grossières d'animaux.

L'ÉGLISE DE BEAUMONT (1889)

Le côté Nord de l'Église domine la roche à pic. Du côté Est, un emplacement relativement exigu servait de cimetière, comme cela existe encore dans les campagnes. Il y avait dans le cimetière une statue fort ancienne de Saint-Denis. Les pierres du mur taillées en dents de scie témoignaient du XIIe siècle. Le porche fut détruit en 1805 à cause de son délabrement. Vers 1806 eut lieu le déplacement du cimetière que réclamait impérieusement l'état sanitaire de la ville. (1)

Tout le long des murs extérieurs de l'église règne une litre, large bande noire, sur laquelle étaient des armoiries aujourd'hui à peine visibles (2), probablement celles du prince de Conti (3).

---

(1) La population augmentant toujours, le nouveau cimetière fut ouvert le 16 août 1845.

(2) On les voit encore sur la litre de l'église de l'Isle-Adam.

(3) En l'absence de documents historiques, nous avons puisé largement dans une notice due à l'obligeance de M. Henri Bordier, élève de l'École des Chartes. — Cette notice avec dessins fut envoyée à M. Dervillé, maire de Beaumont, en novembre 1842, et se trouve aux Archives Communales.

COMMUNE DE BEAUMONT

DROITS ET DEVOIRS DE LA COMMUNE. — LE SCEAU

« Commune, dit Guibert de Nogent, au XIIe siècle, Com-
« mune est un mot détestable. Et voici ce qu'on entend par ce
« mot : les gens taillables ne payent plus qu'une fois l'an à leur
« seigneur, la rente qu'ils lui doivent. S'ils commettent quelque
« délit ils en sont quittes pour une amende légalement fixée.
C'était, en effet pour les manants la légalité substituée à la volonté des seigneurs.

Dans sa naïve éloquence, le poète anglo-normand, Robert Wace, chanoine de Bayeux, disait au XIIe siècle :

« Pourquoi nous laisser faire dommage ?
« Nous sommes hommes comme ils le sont ;
« Des membres avons comme ils ont ;
« Et de tous autant grands cœurs avons ;
« Et tout autant souffrir pouvons.... »

Vers le milieu du XIe siècle quelques cités s'étaient insurgées. Grâce aux besoins des nobles, pressés de partir aux Croisades, sous la pression aussi des violences seigneuriales, les « vilains » se réunissaient en assemblée générale, demandaient et obtenaient une commune à prix d'argent. Les comtes de Beaumont, cédant au désir de liberté, accordèrent leur charte avant toute insurrection, mais moyennant finances.

La Commune était donc le droit qu'avait notre ville de s'administrer elle-même; elle eut son maire, son prévôt, son bailli (1). Tous les membres de la commune avaient prêté serment de se faire droit les uns aux autres, de s'entr'aider autant qu'ils le pourraient.

Etaient admis à faire partie de la commune tous ceux que la loi sous laquelle ils vivent n'en exclut pas. Ainsi les serfs et les soldats du seigneur, à cause de leurs redevances, étaient exclus de la commune. Le maire et les membres de la commune devaient jurer chaque année au bailli qu'ils ne négligeraient pas la poursuite des délits dont les amendes lui revenaient. Des magistrats de la commune relevaient toutes les forfaitures, c'est-à-dire les délits et l'amende qu'ils entraînent.

Voici quelle était pour Beaumont la taxe des forfaitures :

Effusion de sang non homicide : 1° Si le fait se passe hors de la banlieue de la commune ;	60 sols.
2° Si le fait se passe dans la banlieue	15 sols.
Frapper quelqu'un de la main sans effusion de sang, lui dire des injures, déchirer ses vêtements, lui tirer fortement les cheveux	5 sols.
Guet-apens, homicide, meurtre, viol, incendie, vol avec effraction	la Mort.
Mais le coupable est à la merci du seigneur. (2)	
Délit dans une vigne	6 sols
dont 12 deniers au propriétaire et le reste au seigneur.	

(1) On appelait baillis des juges seigneuriaux chargés de rendre la justice ou de la faire rendre au nom de leur seigneur. Ils administraient à la fois la justice, les finances et les armées ; ils présidaient toutes les assemblées relatives à la police des villes et faisaient procéder à l'élection des maires et échevins. Le bailli de Beaumont faisait l'office de maire, probablement parce que notre ville appartenait au roi.

Philippe-Auguste octroya en avril 1222 une charte de franchises à Beaumont. On y trouve partout au lieu du mot Maire le mot : Bailli du Roi.

(2) Le comte avait le droit de grâce : mais il n'en usait guère vis-à-vis de la roture, témoin ce manant qui « fust pendu à Beaumont pour avoir engrossé la fille du seigneur. »

L'histoire ne dit pas la peine encourue par la demoiselle. Il est regrettable qu'elle soit muette sur ce point.

Vol d'un cheval, d'un âne, d'une vache ou d'un bœuf — 6 deniers.

Vol de chèvre — 2 deniers.

Vol d'un mouton ou d'un porc — 1 denier.

Si un animal a causé mort d'homme, il appartient au plus proche parent de celui qui a été tué.

On voit par ce tableau que la monnaie n'était pas fort courante à cette époque. En effet, le sol correspondait à notre sou et il fallait 12 deniers pour faire un sol. On peut juger aussi à quel bas prix toutes les marchandises étaient estimées.

Les possesseurs de terre devaient en requérir le bornage aux baillis, prévôts et autres officiers. Les bornes devaient être posées dans un délai de huit jours à dater de la requête, faute de quoi les empiètements de labour sur la voie publique ne pouvaient être l'objet d'aucune poursuite. Si la demande n'avait pas été faite, le propriétaire était condamné à 5 sols.

Chaque masure payait redevance. Chaque nouvelle masure qui s'établissait devait payer 12 deniers en outre du cens annuel comme prix de l'affranchissement des tailles et des corvées auxquelles étaient soumis les habitants avant l'établissement de la commune.

Si ces redevances n'étaient pas acquittées, il y avait, pour chaque fois vingt livres de capital, cinq sols d'amende par jour de retard. Pour le même cas, le maire pouvait retenir un an et un jour tous les biens du débiteur. Passé ce temps, si le débiteur ne s'était pas acquitté, l'autorité pouvait faire de la masure ce qu'elle jugeait convenable.

En cas d'expropriation pour cause d'utilité publique, d'une masure ou d'un jardin, il était accordé une indemnité en espèces ou en terrain.

Le droit de mouture était d'un boisseau par setier; celui du pressoir d'un pot de vin sur quatre.

En retour de leurs droits, les habitants avaient des devoirs. Au premier rang était celui d'Ost (camp de guerre) et de chevauchée. Les habitants partant en guerre devaient se munir de chapeaux de fer, gambaisons ou plastrons fortement rembourrés, glaives, arcs et autres armes semblables. Tout cela était sous la surveillance des prud'hommes.

Une partie des amendes appartenait à la ville et était consacrée à la défense. Le comte de Beaumont exigeait à merci de ses fournisseurs, bouchers, regrattiers, pêcheurs, boulangers, taverniers, fabricants de plats et marchands de coupes, un crédit de quarante jours. Passé ce délai, ils ne sont plus tenus de rien fournir. Il leur est défendu de cacher ce qu'ils ont de vin et d'aliments.

La charte communale fut octroyée en 1181 ou en 1187, selon les uns, en 1173 selon les autres. Cette date est la plus probable : c'est celle aussi de la charte de Chambly.

En 1222, Philippe-Auguste confirma aux habitants de Chambly la charte de commune donnée par Mathieu III; mais c'est Louis VIII qui confirma celle de Beaumont en 1223.

Voici la liste des prévôts ou magistrats préposés à la haute surveillance :

1173, Reinolde; — 1243, Robert de Luzarches; (1) — 1261, Jean de Callois, bourgeois de Chambly; — 1264, Pierre Foutel et Jean Guédier; — 1278, Pierre Foutel; — 1287, Robert de Champagne; — 1296, Jean de Moutiers; — 1299, Pierre de Montigny; — 1303, Aubert le Barbier; — 1306, Robert de Mon tigny; — 1329, Pierre de Précy; — 1333, Pierre Goudemant; — 1346, Jacques le Cordier; — 1356, Gautier le Pâticier; — 1399, Mathieu de Beauvais; — 1456, Eustache Monnier, en même temps prieur de St-Léonor.

Le dernier bailli fut Charles d'Eaubonne, de 1558 à 1567, date de l'abolition de la charge par Charles IX.

(1) Ce Robert de Luzarches est peut-être le fameux architecte qui construisit la cathédrale d'Amiens. On sait que les bourgeois nommaient quatre candidats pour la fonction de prévôt, mais que le roi se réservait le choix. Il paraît naturel que les habitants de Beaumont et le roi aient voulu honorer Robert de Luzarches.

Donnons, pour terminer ce chapitre, un curieux budget de notre ville, dressé par ordre de St-Louis en 1260.

RECETTES	liv.	s.
Les Moulins	77	10
Les prés et le jardin	45	
Les fours	37	10
La mairie de Neuville	20	
Le vinage (1)	8	
Les mesures de vin	3	
Le tonlieu	6	10
L'Ile	2	
Le Forage (2)	16	10
Le Forêst de l'eau (3)	18	
L'avoir du bois	10	
Les Pressoirs	64	
La cense de Saint-Remy (4)	100	
La cense de Noël et de la Saint-Jean	37	
Les bans	20	
Total	465	

DÉPENSES	liv.	s.
Au roi (5)	400	5
Au maire	10	
Au clerc de ville	10	
Au sergent de ville	5	
Au receveur de ville	5	
Réparations aux pressoirs et moulins	20	
Pour les revenus à vie	46	
Total	496	5

On voit que les dépenses dépassaient les recettes de 30 livres environ.

(1) Vinage, droit prélevé sur le vin lors de l'encavement ; (2) Forage, droit sur le vin vendu en détail dans les tavernes, ou débits ; (3) Forèst de l'eau, le droit de pêche ; (4) Cense, redevance payée à époque fixe : celle de Saint-Remy provient sans doute de l'impôt annuel dû à la commune par chacun de ses membres ; (5) Cette dépense semble représenter le cens mis sur chaque maison lors de l'établissement de la commune (d'après Douet d'Arcq).

SCEAU DE LA COMMUNE

Le sceau de l'ancienne commune représentait la porte d'entrée du château féodal, porte flanquée de deux tourelles, reproduction probable de la demeure seigneuriale.

Ce cachet nous semble être un hommage à la bienveillance des comtes et un signe de respectueuse indépendance.

La légende : *Sigillum Communis Bellomontis* signifie *: Sceau de la commune de Beaumont.* (1)

LES ARCHERS

Dès le XIIe siècle, lors de l'établissement de la commune, des milices bourgeoises s'organisèrent partout. Elles formèrent plus tard les Compagnies militaires qui durèrent jusqu'au 14 octobre 1791. En temps de paix, elles avaient pour but « d'adextrer » la jeunesse au maniement des armes; en temps de guerre, elles se réunissaient sous l'oriflamme, bannière que le roi allait prendre à Saint-Denis.

Les milices communales étaient le seul secours solide sur lequel les rois puissent compter (2). Beaumont avait sa Compagnie d'hommes d'armes. L'enseigne bleue, rouge et verte, portait un St-Maurice tenant une croix.

(1) En 1878, le sceau actuel fut rétabli grâce à des documents pris à la Bibliothèque Nationale, probablement dans Douet d'Arcq. Il porte en exergue double : *République Française; Mairie de Beaumont.*

(2) Du moins jusqu'à Charles VII qui institua l'armée permanente.

Nos « chevalliers » fraternisaient avec les Hiboux de Meulan, les Usiniers de Pontoise et se réunissaient dans des fêtes très brillantes avec les sociétés de Mantes, Meaux, Magny, Paris.

Nous donnerons plus loin le récit détaillé d'une fête où la Compagnie d'Archers de Beaumont parut à son honneur.

BEAUMONT SOUS LES ROIS

Saint-Louis avait acheté le comté de Beaumont et en 1228 la ville avait prêté le serment de fidélité. Le roi affectionnait notre contrée ; il séjourna souvent à Asnières et à Beaumont. Plusieurs de ses chartes sont datées de notre ville. On raconte qu'un jour, Louis, qui aimait à se rendre compte de toutes choses et ne dédaignait point les petites gens, pénétra dans une maison habitée par des Juifs. Il causa religion et fit tant qu'il tint à St-Léonor les quatre fils d'une juive et la juive sur les fonts baptismaux. La ruelle où était cette maison en conserva le nom de Juifferie ou Juiverie. (1)

En 1233, le roi tint son assise à Beaumont. Cette assemblée avait pour but de concilier les habitants de Beauvais avec l'évêque.

Il est curieux de voir Louis IX aimant la féodalité et lui portant des coups très sensibles, vénérant l'Eglise et sachant au besoin résister à ses prélats et à son chef même.

Le roi avait nommé maire de Beauvais, Robert de Muret, bourgeois de Senlis. Il portait ainsi atteinte aux droits de l'évêque et de la commune, car la charge du maire était soumise à une élection communale ratifiée par l'évêque. Le roi avait nommé le magistrat d'office parce que les habitants ne pouvaient s'entendre sur le choix qu'ils avaient à faire. Lorsqu'ils apprirent la nomination les bourgeois furent mécontents; les esprits s'échauffèrent et on put craindre une révolte terrible. Elle éclate le 31 janvier 1233. La foule poursuit le maire et les

---

(1) Jusqu'en 1884 où elle reçut le nom de rue Victor Hugo.

échevins qui l'accompagnent; un combat terrible s'engage pendant lequel le maire a grand peine pour échapper à la mort. Il invoque alors toute la sévérité de la justice contre ceux qui avaient compromis la sécurité publique. Il dépêche un courrier à Beaumont où le roi se trouvait alors avec la reine mère régente; un autre courrier est expédié à l'évêque en son château de Bresles. L'évêque avait le droit de haute et basse justice à Beauvais; néanmoins, le roi part de Beaumont pour aller terminer le différend. Le prélat, pour éviter un conflit avec le roi, envoie au plus vite Robert d'Avrigny et le chevalier de Franoy à Beaumont pour prier le roi de ne point se déplacer. Mais à leur retour ces envoyés annoncent que le roi est en marche. Il arrive bientôt à la tête d'une nombreuse escorte et accompagné de sa mère. Malgré toutes les supplications, il instruisit l'affaire. L'évêque demanda aide et conseil au concile de Noyon de ce que le roi, au mépris des droits de l'évêque, était venu à Beauvais en armes et accompagné des milices d'un grand nombre de communes, y avait fait proclamer son ban malgré les supplications et les monitions de l'évêque; avait fait arrêter jusqu'à quinze cents habitants, condamnant les uns à la réclusion, les autres au bannissement, et avait fait abattre des maisons. En outre, le roi exigea en quittant la ville que l'évêque lui payât quatre-vingts livres parisis pour les cinq jours qu'il avait passés à Beauvais, et, comme l'évêque demandait un court délai pour délibérer avec son chapitre sur cette exigence nouvelle et inouïe (1) le roi ne voulut accorder aucun sursis. Il fit saisir tout ce qui appartenait à la maison épiscopale, fit vendre les vivres aux enchères et partit après avoir mis des gardes au palais et à la campagne de l'évêque.

Le concile se vit dans la nécessité de prendre ses conclusions contre le roi. Auparavant il députa trois évêques auprès de lui.

(1) La ville de Beauvais était quitte du droit de gîte d'après une convention entre Philippe-Auguste et Philippe de Dreux évêque de Beauvais, qui fixait une redevance annuelle de cent livres parisis.

Ces envoyés le trouvèrent inébranlable. Un nouveau concile fut convoqué à Senlis. Une fois encore le métropolitain, l'archevêque de Paris, se transporta avec deux membres du concile en la résidence royale de Beaumont et supplia Louis IX d'écouter les justes plaintes de l'évêque. Le roi les congédia.

Ils revinrent à Senlis et firent connaître le résultat de leur démarche. Il fut décidé que tous les membres du concile se tranporteraient à Beaumont pour faire au roi une dernière monition.

Conformément à cette décision, tous les Pères du concile se rendent dans notre ville auprès du roi. Mais toutes leurs représentations sont impuissantes à vaincre la ténacité du monarque. Le 12 novembre 1233, l'archevêque de Reims, les évêques de Soissons, Senlis, Châlons, Cambrai, se rendent de nouveau à Beaumont et mettent tout en œuvre pour amener le roi à un accommodement qui empêcherait les membres du Concile de frapper le diocèse d'interdit (1). Louis ne voulut se prêter à aucune transaction et congédia sèchement les prélats. Pourtant l'affaire se termina par un accord entre le roi et l'évêque. (2)

Sous le même règne nous trouvons d'autres actesintéressants : de 1237, un acte de vente d'une vigne à Machecourt ; de 1240, Nicolas Maunon, bourgeois de Beaumont, reconnaît n'avoir seulement qu'à vie la mairie de Machecourt qu'il tenait de l'abbaye de Saint-Denis ; de 1267, une élection de l'évêque à laquelle prennent part, comme chanoines de Beauvais, Nicolas et Gaudefroy de Beaumont.

On trouve un arrêt rendu au Parlement de Paris le 2 février 1275 qui porte que Bertrand de Nointel n'a pas le droit d'élever

(1) L'interdit est la cessation des offices publics même dans les églises ou communautés exemptes.

(2) L'évêque payoit annuellement au roi une somme de cent livres parisis à l'Ascension, que le roi vienne ou non à Beauvais. Indépendamment de cette somme fixée il lui devait une autre somme de 100 livres parisis, s'il arrivait que le roi était appelé pour quelque affaire à Beauvais. Mais cette somme ne pouvait être exigée qu'une fois par an et seulement en cas de voyage. (*Hist. du Diocèse de Beauvais*, M. l'abbé Delettre).

des fourches patibulaires dans la banlieue de Beaumont (1).

Sous Philippe IV, avant les Etats-Généraux (2), la ville de Beaumont envoya un acte d'adhésion en faveur du roi, comme l'avaient fait nombre de seigneurs et de villes.

De 1318, en date du 21 mai, il existe un mandement du bailli de Senlis « de poursuivre un grand nombre d'habitants de Chambly, Champagne, Persan, Beaumont et autres localités du comté de Beaumont qui, contre la paix du royaume, avaient formé des corporations et des ligues. Ils s'étaient mis en marche contre l'évêque de Beauvais avec des bâtons et différentes sortes d'armes sous le commandement d'un connétable, Gaucher le Lavandier, et un d'maire (3).

Les historiens ne s'accordent guère sur l'échoite du comté de Beaumont après la mort de saint Louis. Dulaure donne la version suivante : Le comté de Beaumont faisait partie de la succession de Robert de France, frère de saint Louis. Il passa à son frère Robert II comte d'Artois. Celui-ci eut une fille nommée Mahault et un fils, Philippe. Mahault fut mariée à un comte de Bourgogne et Philippe mourut laissant un fils, Robert d'Artois, troisième du nom, en faveur duquel Beaumont fut érigé en comté-pairie par Philippe VI, roi de France.

Douet d'Arcq dit que Philippe III, fils de saint Louis, donna le comté à Louis de France comte d'Evreux, son fils, lors du mariage de ce dernier ; mais Louis étant mort quelque temps après, Philippe aurait disposé du comté en faveur de son fils Charles qui fut le père de Philippe VI de Valois (4). Philippe de

(1) Les fourches patibulaires qui servaient à l'exécution des condamnés à mort étaient un signe de haute justice.

(2) Les Etats-généraux furent convoqués pour la première fois par Phillippe le Bel en 1302 pour juger son différend avec le pape Boniface VIII.

(3) Olim. III, folio 100. *Actes du Parlement de Paris.*

(4) Nous nous rangeons d'autant plus volontiers à cette opinion que Douet d'Arcq nous donne le texte de l'acte de donation : « A Looys, nostre filz, le conté de « Biaumont-seur-Aise et toutes les appartenances, en tel manière que nostre hoirs, « rois de France, li soit tenus à parfère et à asseoir en terres jusques à dix mil « livres de parisis par an, contée premièrement en ceste somme la value dou « conté de Biaumont et des appartenances desus dites. » Ce Louis comte de Beaumont fut la tige des comtes d'Evreux de la maison de France.

Valois ayant à récompenser l'appui que lui avait donné Robert d'Artois lors de son avènement, érigea en sa faveur le comté de Beaumont-sur-Oise en pairie. Les lettres d'érection sont du mois de juin 1328. (1).

Quoi qu'il en soit Robert possédait le comté en 1328; sa tante Mahault le lui disputa avec acharnement et Robert débouté à plusieurs reprises dans ses procès contre sa parente (2) eut la malheureuse idée de faire fabriquer des titres en sa faveur par une fille de Béthune, la Divion. La justice, en instruisant le procès dévoila une autre iniquité : Robert aurait empoisonné sa tante et une de ses filles. Il fut condamné par arrêt de la cour de Paris à la confiscation perpétuelle et au bannissement perpétuel en 1332. Sa complice, la Divion, paya pour lui : elle fut brûlée vive. Robert se retira dans le Brabant et, plein d'audace, il envoûlta le fils du roi (3).

La vengeance fut connue, inquiéta la cour; et le comte, craignant un procès en sorcellerie et se trouvant trop près de la France, passa en Angleterre (4).

Le comté, qui avait été confisqué, fut donné à Jeanne de France par le roi Jean, son père, à l'époque de son mariage avec e roi de Navarre. Celui-ci y renonça par un traité signé à Mantes le 22 février 1253. Le 5 mars suivant, des lettres du roi donnaient le comté à Philippe d'Orléans, frère du roi.

Sous le règne de Jean le Bon eut lieu la sanglante révolution des Jacques dont on connaît les excès effroyables et la violente répression. La noblesse s'amusait à molester les habitants des campagnes ; elle affichait un luxe effréné, vexait les artisans,

---

(1) Orig. au Trésor des Chartes, carton J, 615, pièce 12, d'après Douet-d'Arcq, *Histoire du Comté de Beaumont*, p. CXXXIV.

(2) D'après Dulaure.

(3) On croyait à cette époque qu'il suffisait, pour se venger d'un ennemi, de faire fabriquer son image en cire par un sorcier, de la baptiser, de l'envoûlter avec messe et consécration religieuse ; puis de la laisser fondre au soleil en piquant la place du cœur avec une aiguille ; alors la personne représentée mourait lentement, mais sûrement.

(4) On sait qu'il y poussa le roi Édouard III à lutter contre Philippe VI. Alors commença la terrible Guerre de Cent-Ans.

opprimait les laboureurs. La Jacquerie leur fit porter la peine de ces coupables provocations. Après la défaite de Crécy, le désastre de Poitiers, où le roi avait été fait prisonnier, avait révolté le peuple...... « Des gens armés de bâtons, de couteaux, se levaient « et marchaient en bandes grossies de proche en proche, atta- « quant les châteaux par le fer et par le feu, y tuant tout, « hommes, femmes, enfants. Maîtresse de tout le pays plat entre « l'Oise et la Seine, cette force brutale s'organisa sous un chef « qui offrit son alliance aux villes que l'esprit de réforme « agitait.... firent un capitaine qu'on appelait Guillaume Calle « et alèrent à Compiègne, mais ceux de la ville ne les y laissièrent « entrer. Et depuis, ils alèrent à Senlis et firent tant que ceux « de ladite ville alèrent en leur compagnie et abattirent toutes les « forteresses du pays : Armenonville, Tière, et une partie du « Chastel de Beaumont-sur-Oyse (1).

Presque partout la population prenait parti pour les Jacques qui furent décimés par les exécutions et la terreur qu'elles répandaient. Charles V, en janvier 1366, confirma à Philippe d'Orléans la donation faite par le roi Jean. Philippe mourut en 1375 sans enfants.

La comtesse, sa femme, aurait dû jouir du comté pendant toute sa vie. Cependant au mois de novembre 1386 par des lettres datées de Lille, Charles VI donna le comté à Louis d'Orléans son frère avec le Valois. La comtesse mourut en 1372. Alors eut lieu la prise de possession des comtés de Valois et de Beaumont, au nom des frères du roi, par Philippe de Florigny, son chambellan. La même année, Thomas d'Estouville, évêque de Beauvais, avait à sévir contre des prêtres de son diocèse. On les lui avait signalés comme coupables de violation habituelle des devoirs les plus importants de leur ministère. C'étaient Gilles Paulice, curé de Saint-Martin-du-Tertre, le curé de Boran et Pierre Dujardin, religieux de Saint-Quentin-les-Beauvais, qui, après plusieurs scandales, avaient quitté le costume de prêtre. Le

(1) *Histoire du Tiers-État.* — Aug. Thierry.

dernier s'était fait valet de chambre à l'hôtel du Grand-Cerf, à Beaumont. Alarme Duvivier, clerc laïque de Noisy, Jean Dieudonne et Raulin Gaschière, clercs laïques de Boran, avaient aussi à répondre de quelques méfaits. L'évêque agit contre eux et les fit arrêter..

On amena les prêtres à la prison de l'évêché de Beauvais; puis ils furent jugés. Cependant la duchesse d'Orléans se considéra lésée dans sa juridiction seigneuriale. Comme autrefois Saint-Louis, l'évêque avait outrepassé ses droits en faisant opérer des arrestations sur les domaines et contre des hommes du comté où il n'avait point de juridiction. La duchesse attaqua le prélat devant le Parlement. L'affaire fut longuement et chaudement débattue; mais l'avocat de l'évêque fit triompher son client : par un arrêt du 15 février 1392, la coùr débouta la duchesse de sa plainte et la condamna aux frais (1).

En 1393, on trouve l'acte d'une rente assignée à l'Eglise de Pont sur le comté de Beaumont.

La même année, Charles VI rend une ordonnance pour la réparation du pont de Beaumont et établit des droits de péage pour subvenir aux frais des travaux.

En 1395, l'abbaye de Royaumont perçoit une rente de quarante sous tournois sur les revenus de Beaumont (2).

En 1400, Neuville-les-Beaumont paraît dans une lettre de rémission en faveur des coupables qui «.... fussent venus tous ensemble jusques au chemin de Nuefville qui se fourche en deux parties, l'une au dit Noisy, l'autre à un hôtel appelé Ringuet (3).

En 1407, le duc d'Orléans, comte de Beaumont, est assassiné par des hommes aux gages du duc de Bourgogne. Son beau-père, le duc d'Armagnac, sa femme, Valentine de Milan, jurent de venger ce meurtre. La France se divise en deux camps : les

(1) M. l'abbé Delettre. — Ouvrage cité.

(2) *Archives du Baron de Joursanvault*, communiquées à la mairie par M. Danjou, procureur-général impérial de l'Oise en 1811.

(3) A. I., *Trésor des Chartes*, reg. 156, pièce 179, d'après Douet-d'Arcq.

Armagnacs et les Bourguignons. La guerre civile sera longue, sanglante et d'autant plus funeste que la guerre étrangère va continuer aussi. Et comme si ce n'était pas assez de malheurs pour le pauvre pays de France, les Bourguignons font alliance avec le roi d'Angleterre !

Lors de l'invasion anglaise, Charles d'Orléans, fils de Louis d'Orléans, fut fait prisonnier à la désastreuse bataille d'Azincourt ([illegible]). Il resta dix ans en Angleterre (1).

On trouve dans les registres du Parlement de Paris cette mention intéresante « Le jeudi 14 août 1416, ne fust point plaidoyé « pour ce que les Bourguignons pillèrent et robèrent le plat « pays ; puie par la porte Saint-Denis jusques à Dammartin et « Beaumont-sur-Oyse et se retrahirent, comme l'on dict, audit « Beaumont, et prinrent le chastel, et tuèrent nombre d'hommes, « de femmes et puis s'en allèrent par le pont.

« Ils jetèrent dans la rivière une infinité de peuple innocent.

« Voire, la rassiégèrent deux ans après ; ceux dedans, voyant « après avoir par aucun jour enduré la batterie, qu'à la longue ils « ne pouvaient être secourus, et que les forces du duc de Bour- « gogne étaient trop grandes, se rendirent à luy (2). »

---

(1) Charles d'Orléans est le plus original écrivain de son époque. A travers le récit de tant de maux, on nous saura gré de donner une de ses gracieuses poésies

LE RENOUVEAU

Les fourriers d'été son venus
Pour appareiller son logis
Ils ont fait tendre des tapis
De fleurs et de perles tissus.
Cœurs d'ennuy pieça morfondus
Dieu mercy sont sains et jolis
Alles-vous en, prenes pays,
Hiver, vous ne demoures plus.

Le temps a laissié son manteau
De vent, de froidure ou de pluie
Il s'est vestu de broderye
De soleil luisant cler et beau
Il n'y a beste ne oiseau
Qu'en son jargon ne chante ou crie
Le temps a laissié son manteau
De vent, de froidure et de pluye.

Rivière, fontaine et ruisseau,
Portent en livrée jolye
Goutes d'argent d'orfavrerie,
Chacun s'habille de nouveau
Le temps a laissié son manteau
De vent, de froidure et de pluye.

(1) A. Duchesne. — *Villes, Châteaux et Places remarquables de France,* Paris, 1668.

En effet, le duc de Bourgogne, qui avait pris les armes sous prétexte d'abolir les impôts et de travailler au bien public, agitait la province. Il était entré dans Beauvais; mais ses troupes entassées dans la ville donnèrent naissance à une maladie épidémique qui fit d'affreux ravages dans la population. Le duc exigea qu'on eût à lui offrir sous huit jours, à dater du 13 octobre 1418 une somme considérable à titre de *don gratuit*. Chaque chanoine de la cathédrale fut soumis à une taxe de deux écus. Les autres villes du Beauvaisis furent bientôt sommées d'avoir à verser leur quote-part, et les capitaines reçurent l'ordre par le duc d'aller, à la tête de leurs troupes, recueillir cette singulière offrande volontaire. Gerberoy et Clermont furent pillés par les Bourguignons qui prirent aussi Creil, Pont-Sainte-Maxence et les villes voisines. Leur duc essaya de s'emparer de Beaumont, afin de se porter ensuite sur la capitale : il fut vigoureusement repoussé. Mais les habitants du bourg de Chambly eurent à porter tout le poids de son dépit : de nombreuses églises et des maisons furent pillées et dévastées.

Cependant le duc avait grand besoin de ménager ses forces; aussi il envoya Jean de Mouy vers le seigneur de l'Isle-Adam, afin de le gagner à son parti et de pouvoir franchir l'Oise. Jean se laisse persuader : l'armée bourguignonne marche sur Paris; le duc, maître de la personne du roi, prend en main l'administration du royaume. En 1422, il fit démolir une partie du château de Beaumont. La disparition des remparts de la ville daterait de cette époque (1).

Comme on l'a vu, notre pays était livré aux Anglais et aux brigands. Partout où ils passaient, la guerre était sauvage : c'étaient partout des meurtres de paysans désarmés, des pillages de campagnes, des incendies de villes (2). Lahire, un des chefs de l'armée française, disait plaisamment : « Si le bon Dieu se faisait homme d'armes, il ne pourrait pas s'empêcher d'être pil-

(1) D'après Dulaure et Malte-Brun.

(2) On croit pouvoir faire remonter à cette époque la disparition du pont et celle du petit village de Neuville.

lard. » Les paysans déjà ruinés devaient payer les tailles imposées pour les frais de guerre par les seigneurs et le roi. Les pauvres gens, réduits à manger l'herbe comme les bêtes, mouraient par milliers, de misère et de maladie. Un historien du temps dit qu'il ne restait pas une maison debout, hors des villes. Le fait est exagéré; mais il est certain que la campagne était presque déserte et que les champs restaient sans culture. Aussi la France semblait près de sa perte.

La reine avait donné le royaume aux Anglais (1), il semblaît qu'il n'y eut plus qu'à mourir. L'élan patriotique ranimé par Jeanne Darc sauva la France; l'ordre fut rétabli et la prospérité revint.

Pendant ces malheureuses années, Beaumont avait été assiégé et pris par Talbot, le comte était devenu Anglais. En 1431, Henri VI roi d'Angleterre, en avait fait don à Robert, sire de Villugby. En 1434, le même monarque accorda des lettres de rémission aux habitants de Beaumont qui avaient suivi Lahire dans son mouvement de retraite devant Talbot, le commandant anglais, contre lequel il n'avait pu garder le château de la ville (2). Le comté revint à Charles d'Orléans lorsque le roi Charles VII eut reconquis son royaume.

Il existe aux *Archives nationales* un aveu de 1450, rendu par Jacques d'Aumont, seigneur de Méru, pour son fief, « à puissant prince et très redouté seigneur, Monseigneur le duc d'Orléans. » Beaumont passa successivement à son fils et à son petit-fils, Louis d'Orléans, qui fut Louis XII. Alors le comté fut de nouveau réuni au domaine royal.

En 1504, on trouve la trace d'un tabellion ou notaire à Beaumont, dans un bail d'une pièce et cens, par Jacques Le Hondoyer, seigneur de La Neuville et Thomas Widerel, de 37 pièces de terre, moyennant 2 deniers parisis de cens et 22 deniers parisis de rente, passé devant Karoceau, tabellion à Beaumont, le 8 mai 1504.

(2) Par le traité de Troyes, 1421.
(3) Douet-d'Arcq.

En 1515, en vertu du concordat signé par François Ier et Léon X, le roi nommait aux évêchés et abbayes de son royaume. Dans le diocèse de Beauvais, il nommait en outre aux collégiales de Beaumont et de Creil, parce qu'elles étaient de fondation royale (1).

En 1528, François Ier aliéna le comté et l'engagea à Anne de Montmorency, au lieu de 40,000 écus qu'il lui avait promis comme dot, par lettres données à Saint-Germain, en date du 5 janvier 1526. Le roi se réservait toutefois l'hommage, le report et la souveraineté (2). En 1564, le 6 février, eut lieu l'adjudication, au profit de Saint-Léonor de Saint-Leu, du fief de La Neuville, sis à Beaumont.

Neuville et Machecourt étaient des villages aujourd'hui disparus. En réalité, ce n'est donc pas la ville qui s'est déplacée, mais ses faubourgs qui n'ont pas laissé de traces, sauf dans les documents historiques.

Par lettres patentes, Charles IX autorisa le duc Henri de Montmorency à jouir des revenus de la seigneurie et du comté de Beaumont (3). Cependant, en 1570 (4), Henri III donna le comté en apanage à son frère, François, duc d'Alençon. Le comté fut racheté 24,000 écus, par le roi, le 21 mars 1574; puis il fut engagé à Pierre Clausse, seigneur de Marchaumont, le 2 décembre 1578. Le roi ratifia le traité, le 4 avril 1579.

François Ier (5), en 1539, par l'ordonnance de Villers-Cotte-

---

(1) M. l'abbé Delettre.

(2) Voici, à titre de curiosité, les titres d'Anne de Montmorency, d'après Desormeaux :

« Anne de Montmorency, duc, pair, maréchal, grand-maître, connétable et premier baron de France, chevalier de Saint-Michel et de la Jarretière, capitaine de 100 hommes d'armes des Ordonnances du Roi, Gouverneur du Languedoc, Comte de Beaumont et de Dammartin, seigneur de plus de quatre-vingts terres. »

Son fils ajoutait à ces titres ceux de seigneur d'Écouen, de Chantilly et de l'Isle-Adam.

(3) *Arch. départementales.*

(4) Douet-d'Arcq.

(5) N'oublions pas de rappeler que, sous le règne de François Ier, le joyeux curé de Meudon, Rabelais, a, dans son franc parler, fait un jeu de mots fort leste sur notre ville qu'il a appelé pour la circonstance Beaumont-le-Vicomte.

rets, avait prescrit pour tout le royaume l'usage de la langue française dans les actes de procédure, et, dans toutes les paroisses l'établissement des registres de l'état civil. Cette ordonnance ne fut suivie d'effet à Beaumont que neuf années plus tard. Le premier acte de l'état-civil date du mois d'août 1548, c'est celui de :

Vincent Hébert, fils de Guillot Hébert et... Collet qui fut baptisé le 26 août et nommé Vincent par Adrien Colart et Magdeleine Longue-Espée.

Remarquons que les catholiques seuls étaient inscrits sur les registres et que les protestants et les juifs n'y avaient aucun droit.

Encore une fois la France était divisée en deux camps : les catholiques et les réformés.

LA RÉFORME A BEAUMONT

Avant de raconter les maux que causèrent les guerres civiles dans notre région, il est utile de montrer quelle était la situation de l'église catholique.

Le désordre s'était introduit dans la discipline et les mœurs des prélats : « Je vois, dit un cardinal, que la cognée est à la racine, l'arbre penche et, au lieu de le soutenir pendant qu'on pourrait encore, nous le précipitons à terre. »

Dans le diocèse de Beauvais, de 1521 à 1523, un délégué de l'évêque parcourut la contrée pour faire la dédicace de nouvelles églises. Il était à Beaumont lorsqu'on lui signifia le 24 avril 1523, la cessation de rous ses pouvoirs. Il avait paru oublier sa qualité de délégué et agissait comme s'il avait été évêque, il n'obéissait plus à l'autorité diocésaine qui se vit obligée de le révoquer.

Deux moines, Luther en Allemagne, Calvin en France, avaient essayé de modifier l'état de l'église. Ils furent écoutés et les pays d'Europe se divisèrent en catholiques et protestants. Ces deux partis se firent une lutte acharnée. Les guerres de religion, commencées vers 1530, ne finirent que vers 1700, sous Louis XIV. Elles eurent leur contre-coup dans notre ville.

Au mois d'août 1562 furent envoyées « lettres de cachet du 25 juillet adressantes au gouverneur de Senlis afin d'asseoir et imposer sur les habitants 6,000 livres pour leur part de 591,800 livres et même sur ceux qui sous prétexte de religion avaient été cause de séditions, émotions et rebellions, leurs adhérents et participants, lesquels le roi entendait qu'ils en portassent la plus grande partie. »

Le gouverneur avait envoyé vers le roi pour avoir diminution et en faire rejeter une part sur Pontoise, Chambly, Mello, Creil, Beaumont, Pont-Sainte-Maxence et Boran. Il fut décidé que ladite somme se prendrait seulement sur ceux qui, sous prétexte de nouvelle religion, avaient été cause des séditions et émotions (1).

La majeure partie du pays était profondément catholique, comme le montrent les faits suivants.

Vers le 6 avril 1580, on ressentit plusieurs secousses de tremblement de terre à Beauvais; l'année suivante, le 26 mars, un violent ouragan renversa les clochers de diverses paroisses et ces accidents firent de nombreuses victimes; le 18 octobre 1581, un météore lumineux passa sur la ville de Beauvais et, le 16 septembre 1583, on aperçut dans le ciel une large bande de feu due probablement à une aurore boréale; mais on crut y voir des armées en bataille se livrant de rudes chocs.

Ces divers événements frappaient de stupeur les esprits faibles qui cherchaient dans de singulières pratiques de dévotion le moyen de trouver grâce devant Dieu pour le mal qu'ils croyaient avoir commis. C'était surtout par des processions qu'ils espéraient gagner le ciel.

Le costume adopté était une sorte de sac blanc qui couvrait le corps des pieds à la tête et qui se terminait par un capuchon enveloppant la figure, excepté les yeux, pour lesquels on avait ménagé deux ouvertures. Cet habit était retenu autour des reins par une corde à laquelle on attachait de longs chapelets ornés de tête de morts. Chaque pénitent avait un cierge en main et le cortège parcourait ainsi six, huit, dix lieues en chantant des psaumes jusqu'à l'église choisie pour dernier lieu de station.

C'est ainsi que, durant les mois de septembre et d'octobre 1589, des processions partirent de Clermont, Mouy, Beaumont et de diverses paroisses de ces doyennés, pour aller à Beauvais.

Les pèlerins, éclairés par des milliers de cierges, passaient une

(2) *Monuments inédits de l'Histoire de France*, p. 57. — A. Bernier.

partie de la nuit à visiter les églises et s'en retournaient ensuite dans le même ordre qu'ils avaient observé en venant (1).

Beaumont semble être resté en dehors de toute violence jusqu'en 1589 (2).

La mort des Guises aux États-Généraux de Blois et l'emprisonnement des princes avaient forcé l'assemblée à se séparer. Senlis, Paris, Orléans, Rouen, Beauvais, Amiens, Péronne, Montdidier, Clermont, Pontoise, Beaumont et plusieurs autres villes, se révoltent soudain, se déclarent pour les ducs de Mayenne et d'Aumale, frère et cousin du duc de Guise. A Beauvais, les livres d'adhésion ouverts à l'Hôtel-de-Ville furent couverts de plusieurs milliers de signatures. L'évêque, Nicolas Fumée, y apposa son nom; Clermont, Pont-Sainte-Maxence, Mouy, Méru, Gerberoy, Marseille-le-Petit, Beaumont, etc., après avoir enrôlé les habitants de leurs territoires respectifs, envoyèrent des fondés de pouvoirs pour s'affilier à la Ligue de Beauvais qui s'affilia elle-même à celle d'Amiens, relevant directement du Comité central de Paris.

Henri IV, après la mort de Henri III, avait pris le commandement des troupes royales, et, de Saint-Cloud, s'était replié vers Gisors qu'il prit le 11 juillet 1589 sans éprouver de résistance. « Le lendemain matin, comme dict est, à huit et neuf « heures du matin, toutes les dictes Compagnies s'en seroient « allez droict à Beaumont, Chambly et autres lieux, spécialle-« ment en une petite bourgade près Beaumont qui avoit voulu « tenir et résister contre eulx; là, où tout être pillé, viollé, « femmes et filles... »

« Le sieur Mayne avoit toujours esté dans la ville de Paris

(1) De semblables processions avaient lieu dans toute la France. On trouve dans le cartulaire de l'Hôtel de Ville de Senlis, le détail d'une procession de Senlisiens, au nombre de 6,000, partie à quatre heures du matin pour se rendre à Pontoise, où elle arriva le même jour. Elle revint le lendemain à Beaumont et le jour suivant à Senlis où le cortège arriva à 4 heures du soir, le 28 septembre 1583. Chacun était habillé de blanc et avait un cierge en main.

(2) Le cimetière des huguenots était situé au lieu dit le Mont-des-Vins, en bas de la Cavée.

« et es-environs avec son armée et avoit faict faire et renouveller « plusieurs sermentz de fidélité et ordonnances touchant la sainte « religion, jusqu'au XXIIe de décembre 1579 que la plus grande « partie des compaignies de son armée s'estoient acheminez par « la ville de Beaumont et Chambly. Et après estre passez, le « sieur de la Noüe avec sept a huict vingts chevaulx du parti « contre, ils s'estoient approchez pour se jetter et surprendre le « bagaige des dictes compaignies et jà passées qui venaient de « Paris pour assiéger la ville de Pontoise. Quoi ayant apperçu « ceuls qui estoient demeurez avec ledict bagaige se seroient « arrestez a la chaulsée de Beaumont et s'estoient barricadez du « mieux qu'ils avoient pu ce qui n'avoient si bien fait que le « sieur de la Noüe avez ses gens avoient pris partie du bagaige et « tué quelques personnes ; mais enfin seroient arrivez aultres « compaignies du dit sieur du Mayne qui auraient combattu et « repoulsé si vaillamment le sieur de la Noüe et ses gens qu'ilz « avoient été contrainctz se réfugier en un bourg ou village, « nommé Cretz (1), a deux lieues de Beaumont, lors duquel « repoulsement et charge ainsi donnée il en estoit demeuré « quinze ou seize des principaux de la compaignie du sieur « de la Noüe et plusieurs autres de l'autre costé » (2).

En 1590, le roi Henri IV avait essayé de s'emparer de Paris par surprise ; mais il échoua. « Ce voiant, le roi avoit faict ache- « minez son armée devant la ville de Beaumont, commandée « par le sieur de Poultraincourt, le jeune, qui avait été si bien « et si vaillamment défendu le chasteau du lieu pour la Ligue ; « qu'après avoir envoié son lieutenant et autres parler au roy, « ayant demandé plusieurs journées à respondre au Roy sur la « reddition du dict chasteau. Enfin le sieur de Poultraincourt « sur la demande du Roy avait parlé à luy et lui aurait demandé « seullement six jours d'advis au finir de la rendition du chas- « teau. Disant au Roy qu'il avait faict promesse à monseigneur du

(1) Creil, qui n'était alors qu'un village.
(2) *Journal d'un Bourgeois de Gisors*, p. 21

« Mayne de tenir ferme la place et que dedans le dict temps, « l'armée dudit seigneur estoit forte et puissante pour faire lever « le siège du Roy. Lequel temps avait été accordé au sieur de « Poultraincourt.

« ...Le mercredi XIIIe de May 1590, sur les dix heures, le Roy « s'en estoit retourné droict à l'Isle-Adam, près Beaumont, et « avoit dict à son Parlement, à messieurs de cette ville (sur « la révérence qu'ils lui avoient faicte de rechef : « *Qu'il les « assureroit, garderoit et maintiendroit tant qu'il pourroit.* » « Et d'autant qu'il entendoit ruyner ses ennemis qu'iceux habi- « tants ne trouvassent mauvais ce qu'ils avoient faict, qui estoit « qu'il avoit ordonné à garnison de cette ville de la Compagnie « de monsieur le comte de Saint-Pol, ayant dict par semblable, « montant à cheval en ces termes : « *Allons en dix jours a Paris « ou bien la bataille* (1). »

Le roi voulait prendre la ville et le château de Beaumont afin d'empêcher le ravitaillement de Paris et de Pontoise dont il voulait s'emparer aussi. Le château était si fort qu'il fut battu et miné et que le roi désespérait de réussir. Enfin les parents et amis du gouverneur, M. de Poultraincourt, l'engagèrent à traiter; ils se rendit à leurs instances et la garnison sortit avec armes et bagages dans les premiers jours de juillet (2). M. de Marcilly fut nommé gouverneur de Beaumont et tint la ville en respect devant les troubles.

La guerre fut suspendue par la trève de Meulan, le 1er septembre 1592, entre le seigneur d'O (3) et le sieur de Halincour (4). Elle s'étendait à Mantes, Meulan, Pontoise (5), Chaumont,

(1) *Id.*, p. 32.

(2) Quoique le roi eût acheté probablement bien cher cette capitulation, le duc de Poultraincourt, qui tenait encore pour la Ligue, lutta, le 16 octobre 1590, à Suresnes, contre Henri IV qui le battit.

(3) Gouverneur et lieutenant pour le roi en la ville de Paris et Ile-de-France.

(4) Capitaine de 50 hommes d'armes, gouverneur de la ville de Pontoise et du Vexin français.

(5) Lorsque Pontoise se rendit, cette ville fut fut imposée pour 45,000 écus en 1593. Dans la liste des personnes refugiées à Pontoise et soumises à la contribution, nous trouvons : M. Reylier de Beaumont, pour 40 livres et M. Simon Sanson, de Beaumont, pour 24 livres.

Magny, St-Denis, Senlis, Beaumont et Poissy, signée pour sept mois, elle fut prolongée pendant un an le 13 mars 1593.

Le 16 février 1593, M. d'O, venant de Compiègne par Senlis et Creil où il avait laissé des garnisons mit aussi à Beaumont une forte compagnie de soldats pour garder les passages qui étaient de grande importance contre l'ennemi qui essayait de se porter sur Senlis. Le mardi 24 mars, MM. de Bouteville, de Vic, gouverneur de Saint-Denis, Marcilly, de Beaumont et autres, avec leurs compagnies durent se porter au secours de Senlis assiégé malgré la trêve.

Les troubles cessés, Beaumont redevint ville royale et le Comté fut vendu en 1623 (1).

Beaumont comptait alors (2) 470 feux et 1500 habitants. Les industries en honneur dans la ville étaient la fabrication de savon, de molleton sur coton et de ratafia excellent à 28 sols la bouteille.

Le coche de terre qui partait le mardi matin de Paris arrivait à Beaumont le soir. Le coche d'eau en repartait le mercredi à quatre heures du matin pour aller à Compiègne. Il en repartait le lundi.

---

(1) *Le Journal d'un Bourgeois de Gisors* dit à tort que le comté passa à M. de Liancourt. V. chap. Beaumont au XVIIe siècle.

(2) *Les plus excellents Bâtiments de France.* — De Cerceau. 1576.

NOS ARCHERS

Le règne de Henri IV avait donné un temps de paix et de prospérité à la France. Le peuple avait retrouvé son humeur joyeuse et les seigneurs qu'avait maintenus le Béarnais étalaient leur puissance avec des prodigalités ruineuses dont le Trésor faisait les frais, sous le gouvernement des Concini et des de Luynes.

En 1615, le séjour de Henri II, prince de Condé (1), seigneur et comte de Clermont, à Clermont, fut l'occasion d'une fête militaire. Les chevaliers de Clermont défièrent ceux de Mantes, Pontoise, Senlis, Luzarches, Verberie et Beaumont. Le prix de la lutte consistait en deux enseignes de diamants et pierreries d'une valeur de cinq à six mille francs.

« Ceux de Beaumont, choisis au nombre de 47 hommes, tous « mousquetaires portant pour livrées et couleurs le jaune tant en « leurs escharpes qu'en leurs bandolières et fourchettes (2), « avaient pour conduitte un capitaine habillé de taille d'argent, « pour le pourpoint et les chausses de roze seiche de velours « figuré, avec trois passements d'or, le hausse-col d'argent doré, « la picque dorée à la main; son lieutenant tout habillé de tafetas « vert; le porte enseigne de tafetas couleur pensée, avec son « enseigne de bleüe, rouge et vert, portans en devise un Saint-« Maurice tenant sa croix. Au devant de la compagnie estoient « deux tambours avec deux flageollets et trois trompettes.

(1) Père du grand Condé.

(2) Fourches à deux pointes sur lesquelles on posait les mousquets pour tirer.

« M. le prince ayant prins son logis, on plante l'anneau dans « lequel il fallait tirer pour gagner le prix : on délibère à qui « tirerait le premier et fut dict que Senlis commencerait, puis « Clermont, Mante, Pontoise, Beaumont, Luzarches, Creil, « Vérberie, Saint-Leu. En outre ce, ordonné que la compaignie « qui donnerait trois fois en l'anneau remporterait et l'honneur « et le prix destiné.

« Ainsi après plusieurs coups tirez par toutes les compaignies, « celle de Beaumont emporta le prix et la gloire du jeu, au « grand contentement de M. le Prince et des seigneurs de sa « suite, loüans l'expérience et la dextérité de tel tireurs « qui avaient donné trois diverses fois dans l'anneau, bien que « reculez et éloignez d'icelui de plus de cent pas.

« A chaque fois que quelque tireur donnait dedans, les trom- « pettes étaient là qui ne manquaient point à faire leur devoir « de sonner. Et Dieu sçait après le prix gaigné, combien il y eut « de joie et de réjouissance parmi les Beaumontois : Ce fut alors « à faire la monstre générale par tout le bourg avec les trom- « pettes et les tambours, et au partir de là boire d'autant à la « santé du Roy et de la Royne et de M. le Prince (1). »

Nous retrouvons les arquebusiers de Beaumont en 1717, dans une fête à Meaux. Dans un almanach de l'époque, qui représente le défilé du cortège, ils figurent au quatrième rang. Ils étaient au nombre de vingt-cinq (2) habillés de couleur canelle ayant chacun un sifflèt de chaudronnier. Le sifflet ou soufflet était l'emblème de la compagnie en l'honneur de l'industrie qui florissait alors dans notre ville (3).

(1) *Recherches historiques sur la ville de Clermont.* — M. Feret.

(2) L'almanach porte en titre : *Les cérémonies observées dans la marche et la montre des chevalliers de l'arquebuse des cinquante-sept villes ou provinces assemblées pas ordre du roy en la ville de Meaux.....* Il ne nous montre que onze chevaliers parmi les nôtres. L'originalité de cette ancienne gravure est dans le costume et l'emblème particuliers de chaque compagnie qu'on y trouve parfois avec de piquants détails.

(3) A ce propos qu'il nous soit permis de raconter un fait sinon véridique du moins curieux par la légende qui s'y rattache :

Deux auvergnats chaudronniers cheminaient, dit-on, sur une grande route qui

LES ARCHERS (1717)

La suppression des chevaliers de l'Arquebuse remonte à 1790. Elle eut lieu conformément aux décrets de l'Assemblée nationale concernant les corps de milice (1).

Le dimanche 18 juillet 1790, les drapeaux furent suspendus à la voûte de l'église « pour y demeurer en signe de concorde, d'union et de paix. » Ils furent brûlés le 8 septembre 1793 sur la place de l'Hôtel de Ville avec d'autres drapeaux à fleurs de lys proscrits par les décrets.

---

menait à Beaumont. Il faisait bien chaud et le sac qui portait leur attirail était très lourd. Ils rencontrèrent un homme de bonne mine qui suivait le même chemin et l'idée leur vint de faire porter leur charge au nouveau compagnon.

Celui-ci résiste autant qu'il peut; mais sous la menace des coups de bâton force est à lui de s'exécuter et d'alléger les deux compères. Ils arrivent à la ville et s'installent pour faire leur métier après avoir remercié ironiquement leur homme. Une heure après, ils étaient pris et comparaissaient devant le seigneur qu'il reconnaissaient, hélas, trop tard!

C'était lui qu'ils avaient menacé de leurs triques et qu'ils avaient chargé d'un lourd fardeau! Ils furent pendus sur le champ.

Voilà pourquoi tous les Auvergnats connaissent le dicton :

Ville de Beaumont, ville de malheur,
Arrivé à midi, pendu à une heure.

Mais tous ne savent pas l'histoire que nous partageons, parait-il, avec Domfront sans que notre honneur en souffre aucunement.

(1) Bignon étant capitaine et Leprince secrétaire.

HOTEL-DIEU

Nous n'avons pas trouvé le titre de fondation de cette maison de bienfaisance. L'établissement de l'Hôtel-Dieu est certainement antérieure à saint Louis, car, en 1198, une charte de Mathieu III porte une redevance de « un muis de blé à l'Ostel-Dieu de Beaumont ». Il était situé au pied du château, au bord de l'Oise (1).

On le retrouve dans une prisée de 1375, qui porte encore une rente « à l'Ostel-Dieu de Beaumont, sans title, fors par mé- « moire, baillée par le dien du lieu (2), aveuc un muid de blé « sur les moulins et trois muis sur les pressoirs, cinq sols, à « prendre sur le travers pour la chaienne du pont qui ferme en leur maison. »

Une charte de Philippe de Valois (juillet 1333) donne dix livres à la Maison-Dieu de Beaumont, à la collégiale de N.-D.-des-Champs, au prieuré d'Amblainville, de Belle-Église, de Morangles, au couvent de Boran et à l'abbaye de Royaumont.

Un bail de 1517, des titres de 1530, 1569, 1570, des comptes-rendus des recettes et dépenses pour 1542 et années suivantes, témoignent de sa vitalité. Les revenus étaient dus aux bienfaits de nombreuses personnes charitables. Parmi les donations, les plus intéressantes sont celles-ci : En 1711, les administrateurs de l'hospice « tiennent et avouent tenir à titre de chef, cens et rente

---

(1) Il se trouva être au coin du pont lors de la construction de celui-ci. Son emplacement actuel est occupé par les maisons de M. Chéron. Le quai porte encore le nom de quai de l'hospice.

(2) Rente sans titre, dont on se souvient, donnée jadis par le doyen du lieu.

seigneurialle de M. Nicolas Doublet, chevalier, seigneur, chastelain et baron de Persan, le Mesnil-Saint-Denis, Crouy, Bernes, Ronquerolles et autres lieux, à cause de sa terre et baronnie de Persan, » des héritages dont la désignation suit dans l'acte; en 1720, rente de 66 livres 5 sols au capital de 2650 livres données par M. Roze, chanoine à Vincennes.

L'administration de l'Hôtel-Dieu subit bien des changements. En 1560, c'était un hospitalier en titre qui fut nommé par lettres patentes du 26 septembre à la charge de bien régir, gouverner et administrer les revenus et de rendre compte de sa gestion à la Chambre de la générale réformation des Maladreries et Hôpitaux de France par devant le Grand-Aumônier. Ce même jour, 26 septembre 1660, le bailli de Beaumont, par ordre royal, mit le dit hospitalier en possession de sa charge.

La disposition de l'Hôtel-Dieu assurait une salle spéciale aux hommes et une autre aux femmes. Depuis les temps les plus reculés, il y avait entre les deux services une grande chapelle sous l'invocation de sainte Catherine (1). Un chapelain qui y était attaché, administrait les secours spirituels aux malades et disait la messe les fêtes et dimanches. Le peuple y assistait : il était averti de l'heure par le son d'une cloche qui se trouvait dans le petit clocher du bâtiment de l'hospice.

Sous le règne de Louis XIV, nous trouvons un édit qui montre combien le Roi-Soleil se préoccupait peu des misères de la classe indigente. Voulant reconnaître les services des officiers de ses troupes, par un édit de décembre 1672, au grand Conseil le 20 février 1673, et en la Chambre royale le 25 du même mois, Louis XIV enrichit l'ordre militaire de N.-D.-du-Mont-Carmel et de Saint-Lazare-de-Jérusalem, du revenu des biens de toutes les Maladreries, Léproseries et Commanderies, ensemble de tous les Hôpitaux et Hôtels-Dieu, Maisons-Dieu, Aumôneries et autres lieux charitables du royaume de France.

(1) A ce propos rappelons que l'arche du pont du côté de Beaumont porte le nom d'arche Sainte-Catherine.

Il supprimait ainsi les ressources ordinaires de l'Hospice de Beaumont, ressources faibles mais indispensables. L'ordre de Saint-Lazare nomma un commandeur et établit une commanderie dont Beaumont fut le chef-lieu. Ce commandeur afferma les biens de sa charge provenant des Hôtels-Dieu de Beaumont, Chambly, Mouchy-le-Châtel, avec les redevances de la Maladrerie de Beaumont, pour 2,050 livres par an (1). Cet état de choses dura vingt ans pendant lesquels l'hospitalité ne fut plus exercée à Beaumont; de plus, les commandeurs de l'ordre touchaient les revenus mais n'entretenaient pas les bâtiments qui se dégradèrent et tombèrent en ruines.

Le nombre de pauvres croissant par toute la France, Louis XIV put se rendre compte des conséquences fâcheuses de son édit. Il revint de son erreur par l'édit de mars 1693, qui proclama la désunion des biens des Maladreries, Léproseries et autres, ci-devant unis par l'édit de décembre 1672.

Les habitants de Beaumont ne rentrèrent cependant pas de suite en possession des biens et revenus de l'Hôtel-Dieu. Ils obtinrent des lettres patentes, du 1er avril 1697, ordonnant l'exécution d'un arrêt en date du 15 juillet 1695. En vertu de ces lettres, il se réunirent en assemblée générale le 15 avril 1697, à l'auditoire de Beaumont, en présence du bailli, du substitut, du procureur royal au baillage, de la maîtrise des Eaux et Forêts, du subdélégué de l'intendant et de deux syndics en charge. Ils nommèrent cinq administrateurs, deux perpétuels (2) et trois élus pour six ans, afin de gérer les revenus et de rendre compte de leur emploi tous les ans.

Les religieux de Saint-Lazare avaient eu une bien mauvaise gestion. Les bâtiments n'avaient pas été entretenus, divers reve

(1) C'est ce qui ressort d'un acte signé de Preury de Chamujean de Fourille capitaine au régiment des gardes françaises, chevalier et commandeur de la commanderie de Beaumont.

(2) Il fut décidé, après une visite de M. Lefèvre Dormesson, vicaire général doyen de la cathédrale et envoyé par l'évêque de Beauvais, que le curé de Beaumont et le procureur du roi du baillage, seraient administrateurs perpétuels.

nus ne furent pas touchés et un grand nombre de pièces manquèrent dans les titres et papiers lorsqu'on les remit aux administrateurs.

LES DAMES RELIGIEUSES

On ne sait comment les malades étaient soignés avant la réunion des revenus à l'ordre des religieux de Saint-Lazare. Pendant la période durant laquelle les religieux eurent la jouissance des biens de l'hospice, Toussaint de Forbin de Janson, évêque et comte de Beauvais, vidame de Gerberoy, pair de France, établit pour l'Hôtel-Dieu la confrérie de la Charité, sous l'invocation du « saint nom de Jésus », le 22 décembre 1688 (1).

De 1697 à 1707, les habitants de Beaumont commirent des femmes aux soins des malades. Le 13 juillet 1707, un acte passé devant notaire établit à l'Hôtel Dieu deux sœurs de charité, moyennant 300 livres par an avec nourriture et entretien.

Depuis ce temps les sœurs de la Congrégation de Nevers n'ont pas cessé de donner leurs soins aux malades.

Sous la Révolution, l'Hôtel-Dieu faillit disparaître. Une loi du 23 messidor an II (11 juillet 1793) déclarait propriété de l'État les biens des hospices pour être administrés et vendus conformément aux lois existantes pour les domaines nationaux. Mais l'évidence de l'utilité des hôpitaux, la force de leur principe appelaient en leur faveur des exceptions consacrées par une loi (en date du 2 brumaire an IV (24 octobre 1795) et par celle du 28 germinal an IV (17 avril 1796) qui n'étaient que le prélude de celle du 22 vendémiaire an V (7 octobre 1796) par laquelle

(2) Le dernier acte de cette confrérie de dames, qui fonctionna très régulièrement, est du 26 août 1890. C'est une délibération pour le règlement des avances faites par Mme de Sèvres, dépenses nécessitées : 1° par la grêle du 13 juillet 1788 qui a ravagé tout le territoire et plus que doublé le nombre de pauvres ; 2° par le rigoureux hiver qui a suivi et réduit à la mendicité grand nombre de personnes qui jusqu'alors avaient vécu de leur travail ; 3° par la cherté excessive du pain en 1789 et le défaut d'ouvrage.

le Directoire restitua aux hospices les biens dont ils n'auraient jamais dû être dépouillés.

En 1846, l'insuffisance des bâtiments fit transférer l'hospice de Beaumont sur l'emplacement qu'il occupe actuellement (1).

(1) La chapelle de l'Hospice possède la cloche de l'ancien Hôtel-Dieu. On peut y lire l'inscription suivante : « *Honorable homme Anselme Domilliers, demeurant au Croissant, à Beaumont-sur-Oise, administrateur de l'Hôtel-Dieu du dit lieu m'a fait faire le 24 novembre 1666.*

De l'ancien hôtel du Croissant on n'aperçoit plus qu'une porte basse donnant en face le presbytère, on y voit encore le croissant qui servait d'enseigne.

LA LÉPROSERIE DE SAINT-ROCH

Vers 1540, le Beauvaisis fut affligé d'une maladie hideuse que les contrées orientales avaient transmises à l'Europe : la lèpre, qui se communiquait de proche en proche. On sait quelles persécutions eurent à subir ceux que ce fléau frappait. Au moyen-âge, on excluait de la société les lépreux et les juifs et il n'est pas d'humiliations et de souffrances qu'ils n'aient subies.

Plus tard, on comprit que ce n'est pas seulement en fuyant le mal, mais en le combattant qu'on peut le guérir, et des Léproseries s'élevèrent partout. Le seul moyen, en effet, d'arrêter la lèpre était d'isoler les victimes qui s'en trouvaient atteintes. La léproserie de Beaumont fut construite en 1631, à l'occasion de la maladie qui régnait alors dans notre ville.

Des lettres patentes du 16 février 1631 permirent la vente d'un revenu de bois à l'Hôtel-Dieu. Cette vente produisit 4000 livres, avec lesquelles on bâtit quelques petites maisons hors la ville et une chapelle sous l'invocation de Saint-Roch.

Non-seulement les constructions furent faites avec les revenus de l'Hôtel-Dieu, mais furent élevées dans une pièce de terre appartenant à cette maison (1). Le surplus de la pièce entourée de murs forma le jardin.

L'Hôtel-Dieu fournit probablement à la léproserie ce dont elle eut besoin; car ce que produisait le jardin était, paraît-il, le seul revenu.

---

(1) Ce lieu est situé actuellement entre la Brasserie et le parc, au sommet de la côte.

Saint-Roch passa en 1673 aux religieux de Saint-Lazare et fut restitué aux habitants en 1695. Pendant cette période, les bâtiments ne furent pas plus réparés que ceux de l'Hôtel-Dieu; ils tombèrent en ruines. Afin de pourvoir à leur entretien, on érigea dans la chapelle une confrérie. Un marguillier faisait la perception de ce que chaque confrère versait, ainsi que du revenu produit par la location du jardin. Cependant les revenus furent insuffisants pour l'entretien de la chapelle.

L'administration de l'hospice, établie en vertu de la loi du 24 octobre 1795, arrêta le jour même de son installation, le 23 janvier 1796, que ladite chapelle et les deux maisons en dépendant, l'une servant de sacristie, seraient louées. Tout le mobilier restant en la chapelle et dans les bâtiments devait être vendu. La vente du mobilier eut lieu le 4 février 1796.

La démolition de la chapelle eut lieu en juillet 1797. Ce fut Claude-Michel Dupuis, maître maçon, qui eut les matériaux pour la somme de 785 livres.

Particularité curieuse, la cloche de Saint-Roch fut descendue dans le jardin lors de la démolition de la chapelle. Il paraît que des malfaiteurs l'ont volée et emportée sans qu'on ait pu suivre leur trace.

Comme renseignements complémentaires, disons qu'à N.-D.-des-Champs, on chantait la messe de station d'un des jours des Rogations. On y allait en procession le jour de l'Assomption, après les vêpres, pour l'accomplissement du vœu de Louis XIII (2). Un prêtre et un chantre se détachaient au retour de cette procession et, passant par le chemin de l'Arquebuse (3), ils chantaient à Saint-Roch les premières vêpres. Le lendemain 16 août, on y faisait l'office solennel.

---

(1) Le 21 décembre 1795, l'administration municipale du canton de Beaumont autorisa l'agent de la commune à faire abattre une allée d'ormes conduisant à la chapelle, afin que le bois pût être employé aux besoins de l'hospice : l'hospice ne pouvant en acheter faute de fonds.

(2) Louis XIII avait par ce vœu placé la France sous la protection de la Vierge.

(3) Aujourd'hui disparu. Il était contigu au parc et parallèle à la rue Duquesnel.

BEAUMONT AU XVIIe SIÈCLE

Au XVIIe siècle, le comté de Beaumont fut vendu plusieurs fois. Antoinette de Pons, marquise de Guercheville, dame d'honneur de la Reine, l'acquit moyennant 117,036 l. (1) le 21 janvier 1623. Elle le vendit le 8 février 1630 à M. Roger du Plessis, sieur de Liancourt et dame Schomberg, son épouse, pour la somme de 162,172 l. (2).

Le comté fut vendu de nouveau, le 17 juillet 1642, au maréchal Philippe de la Motte-Houdancourt, qui obtint du roi sur sa demande « la jouissance du domaine et de la nomination aux « offices ainsi et en la manière qu'il eût pu le faire avant la déclaration de 1648. »

LES MINIMES

Le couvent des Minimes fut établi à Beaumont, suivant les testament et codicilles du sieur Roze, chanoine de Sainte-Chapelle, à Vincennes.

Ce testament, en date du 22 avril 1687, léguait les biens du défunt aux religieux Minimes, à la charge d'établir un couvent de leur ordre en la ville de Beaumont. Ces biens consistaient en 4000 livres de principal, quelques ornements d'église pour célébrer la messe, et une bibliothèque.

D'une information faite par le commissaire Leclerc, le 26

(1) 117036 livres selon pièces des *Arch. départ.*; 33000 liv., selon Douet d'Arcq.

(2) 162172 liv. *Arch. départ.*; 45000 liv. Douet d'Arcq.

juillet 1687, il résulte que : « L'établissement de religieux Minimes dans la ville de Beaumont-sur-Oise (1) ne peut qu'être utile et avantageux aux habitants de ladite ville tant par les instructions et secours spirituels que ces religieux procureront à ladite ville que par la multiplicité des messes que les habitants pourront entendre à des heures convenables à leur commerce et à leurs occupations; que la ville de Beaumont étant, par sa situation, un passage considérable les étrangers ne seront plus dans le cas d'être privés d'entendre la messe ou de préjudicier à leurs affaires en différant leur départ pour pouvoir l'entendre et que lesdits religieux seront aussi d'un grand secours pour les habitants des paroisses voisines, lorsqu'ils seront privés de leurs pasteurs ou dans le cas de maladies épidémiques où un seul curé ne peut suffire pour la paroisse qui est confiée à ses soins. »

M. Robert Chefdeville, curé de Beaumont, adressa une lettre violente à l'évêque de Beauvais dans laquelle il réfutait les arguments apportés en faveur des moines pour leur établissement. Les raisons qu'il donne sont curieuses, venant de la part d'un prêtre.

Aussi « Estienne René Potier de Gesvres, évêque, comte de Beauvais, vidame de Gerberoy, pair de France, » donne aux Minimes la permission de s'établir le 28 décembre 1752.

Ce couvent était situé rue du Pot-d'Etain, dans une hôtellerie, à l'Hôtel du Grand-Cerf ou du Pot-d'Etain, et dans les bâtiments y attenant (2).

Les religieux en furent chassés par la Révolution.

(1) Auparavant le couvent était situé à deux lieues de Compiègne, dans la forêt de Laigne, en un lieu marécageux et malsain, isolé de chemins, ce qui ne permettait pas aux habitants des lieux circonvoisins d'y venir entendre la messe.

(2) L'emplacement actuel est limité par les maisons de la Boulangerie coopérative, du magasin le Bon-Marché, les rues de Paris, de Florence et de Senlis.

BEAUMONT AU XVIIe SIÈCLE

BEAUMONT AU XVIIIe SIÈCLE

Le 14 novembre 1705, la veuve du maréchal de la Motte Houdancourt, Louise de Prie, duchesse de Cordonne, gouvernante des enfants de France, vendit le comté de Beaumont à Louis de Bourbon, prince de Conti moyennant 25,400 livres dont 4,000 livres comptant.

L'hiver de 1709 fut terrible pour la France entière. Notre région fut particulièrement éprouvée (1).

Une déclaration du roi Louis XV, du 4 septembre 1717, rétablit les maîtres des Ponts de Paris et des aides de maîtres de pont de l'Isle-Adam, Beaumont, Creil, Compiègne et autres lieux dont la suppression avait été décidée par édit d'août 1717. Un droit de 20 sols était attribué aux maîtres de ponts par

(1) « Dans la nuit du 5 à 6 janvier 1709, le froid prit dans la région une nou« velle intensité. Il dura jusqu'au 27, dans lequel il augmenta toujours et il « tomba beaucoup de neige avec des vents tellement impétueux qu'on ne pou« vait sortir. Les oiseaux mouraient de froid, aussi bien que le gibier dans la « campagne. Les rivières furent glacées au bout de trois jours. Les poules mou« raient de froid dans leurs pouilliers *(sic)*; plusieurs personnes moururent dans « la campagne et les deux tiers des pigeons. On prenait à la main les canes et « les canards sauvages, car les oiseaux avaient les pieds gelés. Le dégel ne dura « que 13 à 14 jours, mais le froid recommença et jeta le peuple dans une « grande consternation. Les rivières furent encore glacées jusqu'à un pied et « demi d'épaisseur; la plupart des arbres tant des forêts que des jardins en « furent endommagés et on les croyait morts entièrement, les bois en étant tout « noirs à l'exception des pomiers. On tailla les vignes à deux doigts de terre, le « reste étant gelé. Ce froid dura jusqu'au 14 mars. Le peuple fut encore bien « plus consterné quand il vit qu'il n'y avait plus aucune espérance de blé, dont « la racine même se trouvait gelée dans la terre, ce qui causa un grand nombre « de pauvres qui ne trouvaient aucun secours et dont plusieurs mouraient de « faim. » *(Cartulaire manuscrit de l'Eglise de Senlis et du Diocèse*, p. 616).

chaque couple de chevaux remontant et descendant sous lesdits ponts (1).

Le 15 septembre 1717, la maison et les moulins à eau du pont de Beaumont furent loués à bail moyennant 900 sols par la princesse de Conti (pour son fils mineur) à Charles Calais, meunier-

Le 20 février 1727, un autre bail fut signé entre le prince de Conti et Louis Douceur pour 1420 liv. (2). Enfin le 6 juin 1744 le duc de Chartres signa un nouveau bail avec Louis Douceur moyennant une somme de 1620 liv. Le bail de 1763, le 14 octobre, désigne une somme de 1673 liv. comme fermage et un cochon gras de toute graisse.

En 1728, le 20 août « par délibération du Conseil de Son Altesse Sérénissisme le prince de Conti » sur la réquisition des habitants de Beaumont, il leur a été accordé la permission de combler les fossés du château, détruits par vétusté, de faire aplanir le terrain et d'y planter les arbres pour l'utilité et la décoration de la ville et des habitants.

En 1735, par arrêt royal du 31 mai, le prince Louis-François de Bourbon, prince de Conti, seigneur de Beaumont obtient la permission d'établir sur la rivière d'Oise le nombre de bacs nécessaires pour le commerce et la commodité du public, pendant les réparations ordonnées au pont par Sa Majesté.

Voici le tarif des droits :

Homme de pied	3 deniers
— à cheval....................	1 sol 6 deniers
Carosse à 2 chevaux................	5 sols
— à 4 chevaux	7 sols 6 deniers
— à 6 chevaux	10 sols
Chaise roulante à un cheval..........	3 sols

(1) En 1697, les habitants demandent au roi pour la réparation du pont « détruit tant par les ordres du Roi que par le vent » la permission de prendre un droit sur les passants tant dessous que dessus le pont. Le roi leur accorde cette permission, par lettres, en date du 9 mars 1697.

(2) Les baux étaient faits pour neuf ans entre le prince et Louis Douceur.

Charrette chargée, tirée par un cheval, et son conducteur..............	5 sols	
Charrette non chargée...............	2 sols	
Charrette chargée (avec 2 chevaux et le conducteur	5 sols	
Charrette non chargée (2 chevaux et le conducteur)................	3 sols	
Voitures à plusieurs chevaux.........	»	15 d. par chev.
Bête non chargée	»	6 deniers.
Bœuf et vache......................	»	9 deniers
Porc ou chèvre......................	»	3 deniers
100 moutons........................	15 sols	
Chaque couple de chevaux...........	3 sols	

En 1740, eut lieu le rétablissement de l'ancienne route construite au XIIe siècle par les comtes de Beaumont entre l'Oise et Chambly pour faire suite à la vieille route de Gisors vers Beaumont. Le tracé, tiré au cordeau d'un clocher à l'autre, forme depuis le pont de Beaumont jusqu'à l'église de Chambly une ligne droite de 3700 mètres. Les travaux furent terminés en 1745 (1).

Le 11 juillet 1741, le roi ordonna, vu la requête du prince de Conti, la démolition des arcades, maisons ou magasins et murs dépendant du château de Beaumont, ainsi que l'édification d'un mur pour soutenir les terres.

Les recueils de médecine conservent la mention d'une épidémie meurtrière de suette (miliaire ou suette des Picards), qui en 1748, ravagea Chambly et Beaumont. Il mourut plus de quatre-vingts chefs de famille avec nombre d'enfants et de domestiques. Ce fléau se reproduisit en 1754. Il dura un mois pendant lequel plus de deux cents personnes périrent.

En 1764, des lettres patentes du roi donnèrent à son cousin,

(1) Une ordonnance du Bureau des Finances de Paris, le 14 décembre 1745, mit à la charge des particuliers communautés et paroisses riveraines de la chaussée, le curage des fossés et le dégorgement des ponceaux.

le prince de Conti, la propriété des offices de gouverneur et de lieutenant du Roi créés par les édits de novembre 1763.

En 1781, eut lieu la restauration de l'église.

En 1782, les environs de Beaumont subirent un ouragan qui détruisit sur pied les récoltes de céréales à tel point qu'on faucha les champs pour en donner l'herbe aux bestiaux. Cinquante-deux paroisses furent frappées à la fois et tombèrent dans une affreuse misère.

En 1784, les 7 et 8 janvier, l'Esche gela en son entier de Chambly à Persan. Le 28 mars, après une gelée de trois mois et 15 jours de neige, une journée de soleil provoqua un dégel subit; l'Oise déborda et couvrit tout le pays jusqu'aux premières maisons de Persan (1).

La grande route fut emportée et les communications furent interrompues pendant quinze jours. A Beaumont, depuis le sol jusqu'à la voûte, il y eut 23 pieds d'eau (2).

TOPOGRAPHIE

Voici quelle était la topographie de la ville au XVIIIe siècle :

Rue et porte Saint-Jacques de Richebourg;

Rue de la Heuse ou de la Tribaude (par corruption Tibaude), avec la cour et la porte de la Tribaude (3);

Rue et carrefour de l'Ormeteau, avec l'orme très ancien qui lui a valu ce nom (4);

(1) Les maisons formant lequartier de la gare, du pont à l'école, n'existaient pas.

(2) Une flèche peinte sur une maison indique encore l'élévation étonnante des eaux pendant l'inondation.

(3) Il fallait de chaque côté de la rue passer sous une voûte formée par une maison.

La cour de la Tribaude était une partie fort malsaine. C'était cependant là que le bal avait lieu le dimanche, quand le temps le permettait.

(4) Le lundi, 25 octobre 1790, « le sieur Desmestoizes proteste contre l'abat« tage de deux ormes, l'un sis au carrefour de l'Ormeteau, l'autre au carrefour « du Perthuis ». M. Desmestoizes, chevalier de l'Ordre royal et militaire de Saint-Louis, demeurant à Fresnoy, était propriétaire, à cause de Dame Agathe-Louise de Fresnoy, son épouse, des ci-devant deux fiefs de Toury et Tirepoitron. Sa protestation n'aboutit pas. Les arbres étaient pourris par vétusté et menaçaient le public; une délibération du Conseil de la commune, en date du 21 septembre 1790, en avait ordonné l'abattage.

Rue de la Vallée (ancien fossé du Château);

Rue de Florence;

Carrefour des Quatre-Vents (vaste place de 36 mètres de long sur 30 mètres de large, aujourd'hui disparue);

La place du Marché-Jeudi (1);

Ruelle et grand chemin de Paris, — probablement aujourd'hui la rue du Bois, qui conduisait sur la route de Paris par des sentiers dans la campagne;

Rue des Forges;

Grande-Rue, — aujourd'hui rue Haute-de-la-Vallée et Marché-au-Blé;

Rue et carrefour du Pot-d'Étain et de Paris, actuellement rue de Paris (2);

Ruelle des Pressoirs, près le faubourg; elle devait prendre au bout de la rue de la Heuse pour aller jusqu'au Marché-Jeudi, en traversant la rue Tirepoitron ou rue de Senlis;

Porte de Senlis (disparue);

Rue des Veaux;

Rue Hideuse, entre la rue Tirepoitron et la rue de Florence, ainsi nommée à cause d'une vieille maison dont Pierre Le Hideux avait été propriétaire (3);

Rue d'Embas et carrefour du Pont, faisant suite à la rue de la Descente-du-Perron (4), à la rue aux Clercs;

Rue du Four, conduisant tout droit à la rivière par un escalier rapide;

---

(1) Cinquante tilleuls furent plantés, vers 1842, au Marché-Jeudi. C'était la partie la plus malsaine et la plus inabordable de la ville, probablement à cause des importants marchés aux bestiaux qui s'y tenaient. On l'a pavée et nivelée en 1812; elle est aujourd'hui un des plus beaux quartiers de Beaumont.

(2) Depuis le 11 août 1841.

(3) Pierre Le Hideux était prévôt de Chambly pour Mathieu II, comte de Beaumont, en 1166.

(4) En 1765, le mardi 29 octobre, à 3 heures de relevée, dans une assemblée de notables, sous la présidence de Santerre, maire, il est question que la route de Paris est décidée pour ne plus passer au milieu de la ville, mais pour prendre, du pont à la rue du Perron; l'établissement du Chemin-Neuf était décidé.

Rue et porte du Pont (1);
Trois moulins, tant dessus et dessous le pont (2);
Rue du Beffroi (3);
Église Saint-Laurent;
Chapelles Saint-Père (4), Saint-Roch, Saint-Jacques (5);
Le Port, situé sur l'emplacement actuel du quai de l'Hospice.

FINANCES

En 1747, le comté de Beaumont avait 16,500 livres de revenu, en ce non compris les baliveaux sur taillis dont l'engagiste, le prince de Conti, ne jouissait pas, et qui s'élevaient à 500 livres par an.

Nous trouvons, dans un acte d'échange passé entre le roi et le prince de Conti, en son château de l'Isle-Adam, le 19 septembre 1747, les renseignements suivants. Le roi cède au prince :

(1) En 1768, le dimanche 25 septembre, fut décidé, par le Conseil de Beaumont, le raccordement de la rue Perrine avec le pavé du bout du quai, en entrant sur le pont à droite, tenant à l'Hôtel-Dieu de cette ville pour aller droit au port.

(2) Ces moulins existaient de temps immémorial. (V. *Chartes des Comtés* et *Budget sous Saint-Louis*). — Ils disparurent en 1836.

(3) Le beffroi était situé probablement près de la place et dans la rue de ce nom. Le gardien annonçait à son de cloche l'ouverture et la fermeture des portes, le couvre-feu, la tenue des Assemblées générales : il appelait les habitants en cas d'incendie, d'émeute, d'approche de gens armés; il fixait l'ouverture des marchés.

On n'en retrouve d'autre trace que la dénomination de la place et de la rue.

(4) Corruption de Saint-Pierre. La chapelle Saint-Pierre était située à la jonction du chemin de l'Arquebuse et de la route de Mours. Le lieu est dit encore par corruption Saint-Père. La démolition en fut faite en décembre 1793, par les soins de l'Assemblée de la ville et paroisse du prieur M. Le Canut, qui devait faire reconstruire la chapelle en un lieu moins exposé.

(5) La chapelle Saint-Jacques était située en dehors de la paroisse, rue Saint-Jacques. Le chapelain était nommé par le roi. Il en reste quelques faibles ruines dans le vaste jardin tenant à la maison de M. Lheurin.

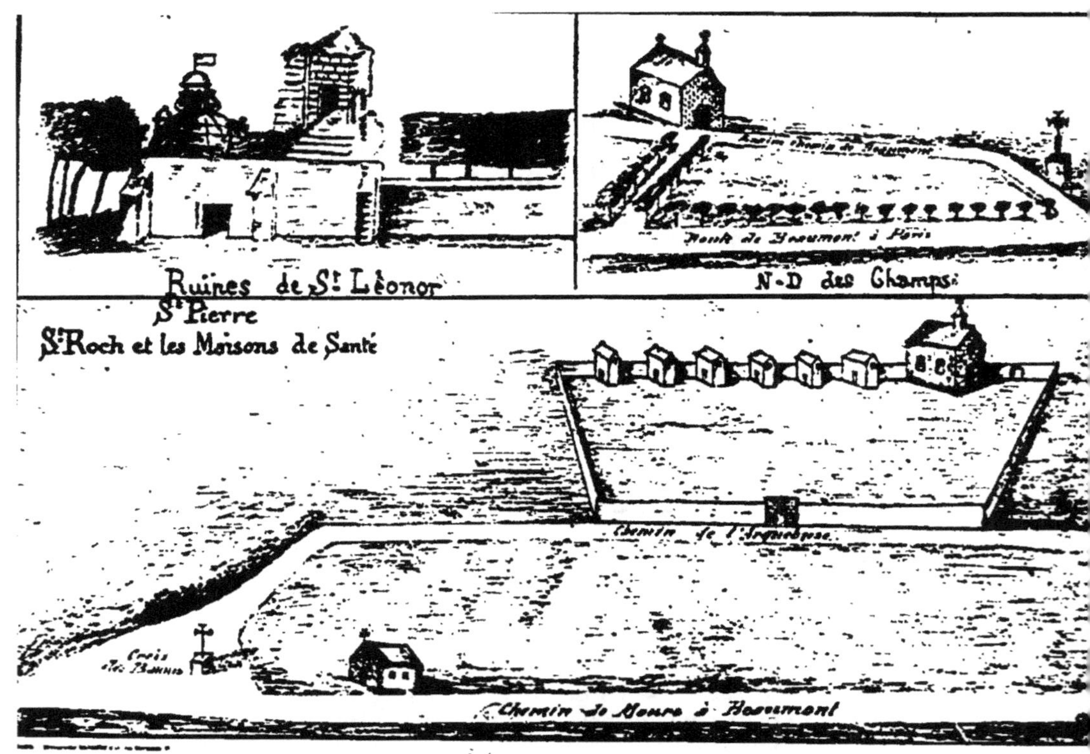

ANCIENNES CHAPELLES DE BEAUMONT

GÉNÉRALITÉ DE PARIS

VILLE DE BEAUMONT-SUR-OISE

OCTROIS

ETAT DES DROITS D'OCTROIS dont jouit la Vi[lle] de Beaumont-sur-Oise, dressé en conséquence et exécuti[on] de la Déclaration du 11 février 1764.

NATURE des OCTROIS OU AUTRES DROITS qui leur ont été accordés : leurs produits et titres en vertu desquels elle en jouit	PRODUIT année commune prise sur les 3 derniers baux ou sur les 10 dernières années pour les parties en régie	FORME DANS LAQUELLE SE FAIT LE RECOUVREMENT	CHARGES ORDINAIRES à l'appui desquelles le produit des Octrois ou autres droits est affecté et Motifs desdites charges	MONTANT des CHARGES ordinaires	CHARGES EXTRAORDINAIRES leur nature et estimation du montant d'icelles, année commune sur les dix dernières années	MONTANT des frais de perception année commune prise sur les dix dernières années et dénombrement de tous les employés préposés au recouvrement leurs appointements	MONTANT des sommes qui ont pu être empruntées sur le produit des octrois et le denier auquel elles ont été constituées	SOMME annuellement employée au remboursement des capitaux et ce qui en reste dû au 1er janvier 1764	DETTES exigibles au 1er janvier 1764	OBSERVATION[S]
Les biens et revenus de la Ville de Beaumont-s-Oise consistent en ce qui suit : SÇAVOIR 1° Le droit de Changeage et Déchargeage des Grains de toute espèce qui arrivent et se vendent Journellement, tant au port que sur le marché de Beaumont, à raison de six deniers par sacs pour le chargeage et autant pour le déchargeage, est affermé par la dite Ville et rapporte année commune prise sur les trois derniers baux, 650 liv., cy............. 2° Le droit de levage sur les mêmes Grains, qui est aussi de six deniers par sac et pareillement affermé et rapporte à lad. Ville année commune prise sur les 3 derniers baux 760 liv., cy.......... 3° Les droits de Languayage et Etaux sont encore affermés et rapportent à lad. Ville année commune prise sur les derniers baux, 131[l] 3[s] 4[d], cy............ 4° Et finallement un Jardin et Prés apartent[s] à lad. Ville par Contrat d'acquisition du 27 juillet 1830, passé devant Demure et son confrère notaires a Paris et rapportent à lad. Ville 38 liv. par an suivant le bail continué toujours au même adjudicataire, cy.................. TOTAL du Revenu de la Ville de Beaumont.......................... Lad. Ville a été obligée en l'année 1770 de faire construire des Ecuries pour les chevaux de MM. les Gardes du Roy à l'effet de quoi elle a acquis par le contrat susdit du 21 juillet 1730 une maison et dépendances moyennant le prix de 4500 liv dont Elle a payé comptant 1500 liv. et s'est par le même contrat obligée de payer au vendeur la somme de 150 liv. de rente annuelle au principal de 3000 liv. au denier vingt. Depuis que Mrs les Gardes du Roy ne sont plus à Beaumont, S. A. S. Monseigneur le Prince de Conti a fait occuper lad. Maison Et Ecuries par sa Compagnie de Gardes; ainsi la Ville de Beaumont n'en retire aucun Revenu et est chargée de l'entretien qui peut aller année commune à 200 liv. Il apartient en outre à lad. Ville un petit corps de Gardes de Douze Pieds carrés qui ne lui raporte aucun profit. *Envoy[é] conforme le dit Jour à M. le Controlleur Général et une autre copie à M. le Procureur du Roy près la Cour du Parlement de Paris. Celui-ci faire rester au Greffe de lad. Ville et y servir de Minute.*	 650[l] 760[l] 151[l] 13[s] 4[d] 38[l] 1589[l] 13[s] 4[d]	Le recouvrement du droit de Chargeage et Déchargeage se fait simplement sans frais par le fermier qui, au fur et à mesure qu'il a chargé ou déchargé les Grains de toute nature se fait payer de six deniers par sac par le propriétaire desd. Grains. Celui du droit de Levage qui consiste à lever fidèlement le Minot pour le vuider dans le sac de l'acheteur, se fait aussi sans frais par le fermier qui a prêté serment en Justice et perçoit du vendeur six deniers par septier. Le droit de Languayage s'entend pour les Porcs qui se vendent dans les foires et marchés de Beaumont et consiste à ce que le fermier après qu'un porc est vendû est tenû d'en faire la visitte pour constater s'il est sain ou non et en demeure garant; Pourquoi il perçoit 2[s] 6[d] pour chaque porc. Le droit d'Etaux consiste en planches et traitteaux dont le fermier est tenu d'être muni pour les fournir aux marchands forains qui fréquentent les foires et marchés de ladite ville; pourquoi il perçoit trois deniers par chaque toise de planches : Le tout sans aucun frais à la charge de la Ville.	GAGE DES OFFICIERS MUNICIPAUX Au premier Echevin........................ 27 l. Au second Echevin .... 27 Au premier Assesseur........................ 30 Au second Assesseur........................ 30 A l'Avocat du Roy........................ 30 Au premier Greffier........................ 36 Au second Greffier........................ 30 Au premier Controlleur........................ 27 Au second Controlleur........................ 27 Au Receveur........................ 40 (Par an) L'entretien de la fontaine des Tuyaux qui y amènent l'eau et du bassin qui lui sert de décharges, avec les Grosses réparations qui surviennent coûtent annuellement à lad. Ville 400 livres.............................. L'entretien du pavé de la Grande routte traversant la Ville, avec les Grosses réparations coûte année commune. L'entretien des Maison Ecuries et Batimens construits en 1730 pour Mrs les Gardes du Roy ainsi qu'il a été cy devant dit, coûte année commune à lad. Ville............ RENTES PASSIVES Ladte Ville doit 150 liv. de Rente sur les Maison et Ecuries des Gardes dont est parlé cy devant cy.............................. 150[l] Autre rente de 53 liv. dûe aux héritiers Cousin, constituée par les habitants de lad. Ville en 1643 pour 134 liv. au principal de 2700 liv. au denier 18 et reduittes à 53 au denier 50 par l'arrêt du Conseil de 1721, cy. 53[l] Autre rente dûe au s. Duquesnel acquéreur du s. Magnan qui l'avait d'abord acquise au s. Domilliers à qui elle a été constituée en 1651 par 34[l] 12[s] au principal de 623[l] au denier 18 et réduite à 12[l] 9[s] 3[d] au denier 50 par led. arrêt du Conseil en 1721, cy. 12[l] 9[s] 3[d] Autre rente de 70[l] 10[s] rachetable après le deceds de dlle Chefdeville, pour le fond d'une maison que lad. Ville a fait détruire pour l'élargissement du Chemin qui conduit au port, cy.............................. 70[l] 10[s] (Par an) Pour le Vin d'honneur quand il y a lieu.............. Le Nettoyage des Boues de la Ville coûte par an.... Les Gages de Valet de Ville et tambour.............. Les Menües dépenses Journalières comprises celles occasionnées par les Passages de Messieurs les Gardes du Roy et autres troupes et Réjouissances ordonnées lors des *Te Deum*, coûtent par an.............................. TOTAL des Charges ordinaires.................. *Indépendamment des 10[l] 20 et Sols pour Livre auxquels les revenus sont sujets et ne sont pas tirés hors ligne à cause des différentes variations de ces droits.*	 304[l] 400[l] 220[l] 200[l] 286[l] 19[s] 3[d] 15 12 20 100 1547[l] 19[s] 3[d]	Dans les Charges extraordinaires que la Ville suporte on comprend les grosses réparations qui surviennent moins communément, Et quoique dans la colonne des charges ordinaires, Elles ne soient portées qu'à 400 liv. pour l'entretien et les grosses réparations annuelles de la fontaine il n'est pas dit qu'elles n'excéderont pas puisque dans le moment présent il y a un devis tant pour les réparations qui sont urgentes que pour celles à faire à l'escalier appartenant à la Ville pour aller à l'Eglise, montant à 950 liv. autorisé par M. l'Intendant. Il en est de même des grosses réparations qui sont aussi à faire incessamment au Pavé de la Chaussée qui traverse la Ville pour aller de Paris à Beauvais, dont les habitants sont privés depuis plusieurs années qu'on a supprimé cet entretien de l'Etat des Ponts et Chaussées : Et le Devis qui est entre les mains de M. l'Intendant monte à 1650 liv. pour cet objet. On ajoute à ces dépenses extraordinaires celles survenues à l'occasion de la Naissance de Monseigr de Bourgogne pour le mariage de deux filles que la Ville a dotées et dont la dépense compris les dots monte à 990[l] 11[s]. Le mariage de S. A. S. Monseigr le Comte de la Marche a aussi coûté à la Ville pour les réjouissances que l'on a été dans le cas de faire à cette occasion.	Néant	Néant	Néant		Nous observons que les g[ages des] Officiers municipaux ne so[nt] payés depuis plusieurs année[s ...] leur est dû au 1er janvier 1764. SÇAVOIR : Au premier Echevin, 4 année[s] à 27 liv.............. Au second Echevin, 10 année[s] à 27 liv.............. Au premier Assesseur, 12 an[nées] à 30 liv.............. Au second Assesseur, 8 année[s] à 30 liv.............. A l'Avocat du Roy, 13 année[s] à 30 liv.............. Au premier Greffier, 8 année[s] à 36 liv.............. Au second Greffier, 13 année[s] à 30 liv.............. Au premier Controlleur, 8 an[nées] à 27 liv.............. Au second Controlleur, 9 année[s] à 27 liv.............. Au Receveur, 4 années à 40 liv[...] TOTAL........ [illegible] Nous Maire de la Ville [...] *par les recherches que nous avons [faites] des titres nous avons recouvré [...] pie de declaration passée pour [...] de Beaumont s-Oise au domaine [...] en sa Chambre des Comptes, [...] 26 août 1636, tant pour lesd. [...] pour les droits de [illegible] [...] marais de Persan que pour [...] Marais de Presles; pourquoi la [...] payé le droit de confirmation.* *[illegible]* DUBOIS

NOUS, soussignés, officiers Municipaux de la Ville de Beaumont-s-Oise, Certifions le présent Etat dressé en conséquence et en exécution de la déclaration du 11 février 1764 & conforme à la situation actuelle de la dite Ville, en foye de quoy nous avons si[gné]. Fait et arrêté en notre Assemblée Le 5 Septembre 1764.

DOUCEUR

PIGEAUX *Assesseur*

MASSELIN *Avocat du Roy*

B. DAVID *Receveur*

LEROUX *Greffier*

BIGNON *Controlleur*

0 1 2 3 4 5 6 7 8 9 10

Le domaine et comté de Beaumont......	16500 livres
Le domaine de Chaumont-en-Vexin, avec 1000 livres de balivaux	4285
La terre, justice et seigneurie de Chambly	150
Domaine et comté de Pezenas..........	14357
— de Bagnols..........	1000
Le domaine de Pontoise..............	1400
Les domaines de Mantes et Meulan......	2300
TOTAL..............	40062 livres

L'acte porte : « Ces domaines sont ensemble d'un revenu annuel de 41562 livres. » Les baliveaux de Beaumont et ceux de Chambly forment le supplément de la somme. Le prince cède au roi les terres d'Ivry-la-Garenne, d'un revenu de 43,000 livres.

On trouvera, dans le tableau ci-contre, les renseignements sur les revenus de la ville, dans le budget de 1764.

DOYENNÉ

Du doyenné de Beaumont ressortissaient :

Les cures de : Andeville, Asnières, Beaumont, Belle-Église, Bernes, Boran, Bornel, Bruyères, Chambly, Champagne, Corneil-Cerf, Crouy, Ercuis, Esches, Fontenelles, Fresnoy-en-Thelle, Frouville, Gouvieux, Hédouville, Jouy-le-Comte, La Boissière, La Morlaye, L'Isle-Adam, Lormaison, Lys, Maffliers, Méru, Mesnil-Saint-Denis, Morancy, Mortefontaine, Mours, Nesles, Noisy, Neuilly-en-Thelle, Persan, Précy, Presles, Puiseux-le-Hauberger, avec Dieudonne son annexe, Ronquerolles, Sainte-Geneviève, Saint-Martin-du-Tertre, Viarmes.

Les vicariats étaient ceux de : Anserville, Belloy, Blaincourt, Dieudonne, Fosseuse, La Chapelle-Saint-Pierre, Lardières, Le Déluge, Morangles, Nerville, Nointel, Novilliers, Seugy (1).

(1) Le doyenné avait un sceau ogival de 35 millimètres. Il représentait : Dans une niche d'architecture gothique, un prêtre devant un autel ; en haut la main divine bénissant le calice. (Demay. — *Inventaire des Sceaux de Picardie*).

ANCIENNES FAMILLES

Au point de vue des anciennes familles, il n'est pas sans intérêt de citer les noms des habitants qui prirent part à la délibération d'une assemblée de vignerons (1), le 11 octobre 1778.

Ce sont : MM. Jean Depesseville, Henri Depesseville, l'aîné; Jean Damoy, François Depesseville, Charles Damoy, Louis Leroy, Louis Damoy, Pierre Emery, Pierre Mailly, Pierre-Jacques Emery, Antoine Lagneau, Pierre Simon, Pierre Bédier, Jean-Charles Baucheron, Nicolas, Mailly, Pierre Le Roy, Antoine-Nicolas Surcin, Vincent Damoy, François Depesseville, le jeune; Henri Depesseville, le jeune; Jean Henry; François Henry; Jean, Louis et Vincent Damoy; Pierre et Nicolas Mailly; Pierre et Pierre-Jacques Emery; Louis Le Roy.

Le 24 novembre 1787, naissait à Beaumont, de Joseph Rolland, commerçant, et de Marie-Claudine Bourgeois, son épouse : J.-J. François-Rolland de Villargues, depuis jurisconsulte et magistrat français, auteur de travaux estimés concernant le notariat.

CHARGES, OFFICES, FOIRES, MARCHÉS

Un almanach de 1788 (2) nous donne les renseignements suivants :

Saint-Laurent, paroisse. M. Longuepée en est le curé et doyen royal, avec un vicaire et un habitué;

Saint-Léonor, prieuré à la nomination de M. le cardinal de Bernis, titulaire du prieuré de la Charité-sur-Loire ;

---

(1) La viticulture était prospère à Beaumont. Les lieux-dits : la Blanche-Voie, la Table-Saint-Marc, l'Hôtel-Dieu et le Clos-Naquet étaient plantés de vignes.

(2) Edité à Senlis pour l'an 1788. *(Bibl. de Senlis).*

RR. PP. MINIMES, couvent. Prieur : R. P. Billette ; 4 religieux ;
N.-D.-DES-CHAMPS, collégiale, près Beaumont. M. Boulard, doyen ; MM. Ducauroy et Longuépée, chanoines.
SAINT-PIERRE, chapelle. M. Canu, prieur ;
SAINT-ROCH, chapelle à l'Hôtel-Dieu ;
Bailliage (1). Officiers :
MM. Lemaître, président, lieutenant-général civil et criminel et de police ;
(Les offices de lieutenant particulier (2), assesseur, avocat et procureur du roi sont vacants).
Bailly, substitut du procureur royal ;
Compagnon, père greffier ;
Lefévre, premier huissier-audiencier et juré-priseur ;
Guénet, huissier-audiencier de police ;
Dubois, conseiller du roi, receveur des consignations ;
Hôtel-de-Ville : Dubois, conseiller du roi, maire ;
Chantrelle, conseiller du roi, premier échevin. (L'office de second échevin est vacant) ;
Marquet, secrétaire greffier et receveur ;
Compagnon fils, premier huissier-audiencier ;
Maîtrise des Eaux et Forêts. Officiers :
MM. Touzé, maître particulier ; Génard, lieutenant ; Mazière, garde-marteau ; Dubois, procureur du roi (ces trois derniers par commission) ; Bignon, greffier ; Barbe, premier huissier-audiencier.
Hôtel-Dieu : Desservi par les Dames de Nevers qui y tiennent pension.
Bureau de Charité : Tenu par les Dames notables.
Notaires : Bailly, avocat doyen ; Dubois, Fillon, Mazières, Monnet. Tardu, à Précy ; Thibault, à Neuilly-en-Telle, relevaient du comte de Beaumont.
Procureurs : Bailly, doyen ; Le Prince ; Génard, Fillon, Mazières, Marquet.

---

(1) Bailliage royal duquel ressortissaient plus de cinquante justices seigneurialles.

(2) En septembre 1761, la ville avait opéré le rachat des offices du maire, des deux lieutenants, du procureur du roi, moyennant 666^{l} 13^{s} 4^{d}. La ville faisait exercer les charges selon sa volonté.

Arquebusiers. S. A. Mgr le prince de Conti est colonel.
Maîtres de pension : M. Demonceaux; M. Scellier, pour le latin.
Bureaux : Limage, receveur des Domaines et contrôleur des Aides; Bignon, directeur de la messagerie et de la poste; Meunier, maître de la poste aux chevaux.
Marchés : Pour les grains et les denrées, les mardi, jeudi et samedi.
Foires : Le jeudi d'après la Saint-Maur; le jeudi précédant le dimanche de la Passion; le lendemain de la Saint-Laurent; le jeudi d'après Saint-André.

ANCIENNES MESURES

Pour les terres : *Journal* de 66 perches 2/3 ou 34 ares 04 ares 80, en usage à Belle-Eglise, Chambly, Crouy, Fresnoy, Mesnil-Saint-Denis, Morangles, Neuilly, Puiseux-le-Hauberger;
Pour le bois : *Corde* de 8 pieds sur 4 bois de 4 pieds, ou 4 stères 38 centistères 75;
Pour les liquides : *Muid* de 36 veltes ou 2 hectolitres 68 litres 22; chaque velte étant de 7 litres 450,5;
Pour le blé : *Muid* de 8 setiers ou sacs : 13 hectolitres 36 litres 46.
Sac de 3 mines : 1 hectolitre 67 litres 06.
Mine de 2 minots : 55 litres 69;
Minot de 19 pintes 27 litres 84.
Pour l'avoine : *Sac* de 3 mines : 2 hectolitres 50 litres 59.
Mine de 2 minots : 0 hectol. 8353.
Minot de 28 pintes 1/2 de Saint-Denis : 0 hectol. 4176.

Grâce à cette histoire locale, on peut se rendre compte du peu d'importance qu'avait le peuple avant la Révolution, du pouvoir exorbitant des nobles, comme aussi des privilèges et des richesses des religieux.

Nous avons vu quels maux le fanatisme et les violences ont produits.

Un nouvel ordre de choses va s'établir en France. Nous trouverons dans notre ville des hommes, éloignés des affaires par leur naissance, tout préparés à tenir leur rang dans la société, comprenant à merveille les droits et les devoirs du peuple, s'étonnant fort peu de la marche précipitée des événements, plaçant au-dessus de tout l'amour de la patrie et le bonheur de ses enfants.

Nous pensons que cet exposé sommaire, malheureusement trop incomplet, aura suffi du moins pour comparer le passé au présent et faire connaître davantage le bon vieux temps que beaucoup de gens semblent regretter encore.

LA RÉVOLUTION A BEAUMONT

Il serait oiseux de rappeler ici les causes de la Révolution et les circonstances qui forcèrent le roi à convoquer les Etats-Généraux en 1789. Chacun les connaît; mais le plus grand nombre songe-t-il assez aux misères de nos aïeux et se souvient-on de l'énergie qu'ils ont dû déployer.

Nous allons essayer de faire saisir le jeu des institutions de l'ancienne France, par des documents tirés de notre histoire locale, se rapportant peut-être à des faits généraux, mais palpables pour tous nos compatriotes.

Le 24 janvier 1789, Louis XVI adressa les lettres de convocation à tous les baillis et sénéchaux du royaume. Elles appelaient à Senlis les trois ordres des juridictions suivantes :

Bailliage principal de Senlis;

Châtellenies de Compiègne, Pontoise, Creil, Chambly et bailliage de Beaumont.

Le Conseil d'Etat avait décidé, en effet, que plusieurs juridictions mises au rang de bailliage, mais qui n'avaient pas eu de représentation directe aux Etats de 1614, seraient réunies en 1789 à d'autres plus importantes en vue des élections (1). Le Tiers-Etat devait se réunir au chef-lieu de bailliage ou de châtellenie, pour fondre en un seul les cahiers des paroisses et nommer des députés pour l'assemblée intermédiaire de Senlis.

Lemaître, bailli de Beaumont, ainsi que ses collègues de Com-

(1) Le bailliage de Magny fut ainsi adjoint à celui de Chaumont-en-Vexin.

piègne, Pontoise, Creil, Chambly, protesta contre cette fusion. Au nom des vingt mille vassaux et des cinquante-deux juridictions du comté (1), il demande au Garde des Sceaux une députation directe, comme en 1614.

Le procès-verbal de l'Assemblée primaire est important à plus d'un titre : il nous donne les noms et professions des électeurs du Tiers et l'état des esprits à la veille de la Révolution (2).

« Ce jourd'hui, vendredi, 27 février 1789, deux heures de relevée, en l'assemblée convoquée au son des tambours et de la manière accoutumée, en l'auditoire du Bailliage Royal de la ville et comté de Beaumont-sur-Oise, servant d'hôtel de la dite ville et par devant nous, André-François Dubois, conseiller du Roy, maire titulaire de la dite Ville, receveur des consignations et notaire royal audit Bailliage, et Anselme Chantrelle, aussi conseiller du roi, premier échevin de ladite ville, sont comparus les sieurs :

« Compagnon, père, greffier en chef; Bridaut, père, bourgeois; Beaudoin, père, marchand orphèvre; Caron, marchand farinier; Caron, maréchal; Gilbert, marchand fayencier; Silly, cabaretier; Lesueur, cordier; Lenormand, boullanger; Fillion, notaire royal et procureur; Dumée, marchand chapellier; Foullon, patissier traiteur; Legrand, marchand qincailler; Despeaux, corroyeur; Mazières, notaire Royal et procureur; Pigeaux, bourgeois; Blin, tailleur d'habits; Duplessis, teinturier; Beaudoin, fils, marchand orfèvre; Fournies, père, horloger; Jean Dépesseville, vigneron; Gautier, boullanger; Damoy, vigneron; Legrand, vigneron; Dupuis, marchand farinier; Lucas, marchand fripier; Berton, huissier Royal; Silly, huissier au Châtelet; Dupuis, maçon et salpêtrier; La Folie, taillandier; Lussignol, apothicaire; Savary, praticien; Levasseur, scieur de long; Dupuis, maçon de la ville;

(1) V. *Les Etats-Généraux dans l'Oise*, p. 335 et suiv. — Gustave Desjardins, 1869.

(2) Il est bien entendu que nous respectons fidèlement l'orthographe du document.

Courtois, tailleur d'habits; Courtois, marchand hongroyeur; Humberdot, perruquier; Daubigny, maréchal; Emery et Damoy, vignerons; Chéron, marchand drapier et mercier; Nicolas Nève, laboureur et voiturier; Drouet, vitrier; Plumault, menuisier; Tisserand, ancien menuisier; Baucheron, aussi vigneron; Nève, charpentier; Compagnon, 1er huissier audiancier de la ville; Le Prince, procureur du Roy de la Ville; Marquet, secrétaire greffier,

« Sont nés Français et naturalisés, âgés de 25 ans, compris dans le rôle des Impositions, habitants de cette ville de Beaumont-sur-Oise, composée de 552 feux au moins.

« Lesquels nous ont dit et déclaré qu'ils offraient et étaient prêts d'obéir aux ordres de Sa Majesté, portés par ses lettres données à Versailles, le 24 janvier 1789, pour la convocation et tenue des Etats-Généraux du Royaume et de satisfaire aux dispositions du Règlement y annexé, ainsi qu'aux ordonnances de M. le Bailly de Senlis et de M. le Bailly de cette ville de Beaumont, tant par la lecture et publication ci-devant faite au prône de la Messe de la Paroisse par M. le Curé, le dimanche 15 du présent mois, que par la lecture et publication et affiche pareillement faite, le même jour à l'issu de ladite messe de la paroisse et qu'en conséquence ils consentaient et étaient disposés à s'occuper de la rédaction du cahier de doléances, plaintes et remontrances, protestant néanmoins que de la forme de l'Etat des Bailliages et sénéchaussées, annexé au règlement de Sa Majesté et de l'Ordonnance de M. le Bailli de Senlis, du douze du présent mois, il ne pourra, relativement au Bailliage de cette ville être induit ni résulter aucune infériorité ni dépendances de celui de Senlis et qu'au contraire ledit Bailliage de cette ville doit continuer d'être comme il l'a été par le passé absolument indépendant dudit Bailliage de Senlis.

« Et à l'instant, il a été requis par le procureur du Roy de cette ville qu'il soit donné défaut contre les habitants non comparants et acte aux comparants de leurs comparutions, dires, déclarations, offres et protestations, et que par le secrétaire greffier il soit préalablement fait lecture des lettres de convocations, règlement et ordonnances ci-dessus mentionnés et ensuite procédé à la rédaction du cahier des plaintes, remontrances et doléances de cette dite ville.

« Sur quoi, nous, Maire et échevin susnommés avons au procureur du Roy donné acte de son réquisitoire, et aux habitants ci-dessus, nommés présents de leurs comparutions, etc... (1).

« Et après que la lecture ci-dessus ordonnée a été faite, il a été procédé aux propositions et à la rédaction du cahier des plaintes, remontrances et doléances, auquel il a été vaqué tant ledit jour du vendredi 27 du présent mois que le lendemain samedi et ce jourd'hui dimanche, et dont les articles ont été rédigés par lesdits habitants ainsi et de la manière qu'il a été par eux avisés;

« Et ledit cahier clos et arrêté et signé de ceux desdits habitants qui sçavent et ont voulu signer, a été ainsi qu'un double dudit cahier, cotté par nous, Maire, par première et dernière page au nombre de quatorze et paraphées en bas d'icelles *ne varietur*.

« Et de suite lesdits habitants après avoir délibéré sur le choix des députés qu'il convient de nommer en conformité desdites lettres du Roy et du règlement ci annexé et les voix ayant été par nous recueillies en la manière accoutumée, la pluralité des suffrages s'est réunie en faveur de MM. Nicolas-Pierre Mazières, Antoine-François Marquet et François Fillion, tous trois procureurs au dit Beaumont et Nicolas Nève, demeurant aussi au dit Beaumont, qui ont tous quatre accepté ladite commission et promis de s'en acquitter fidèlement.

« Ladite nomination des députés ainsi faite il a été en la présence de nous, officiers municipaux sus nommés, remis l'un desdits cahiers auxdits sieurs Mazières, Marquet, Fillion et Nève, Députés, afin de le porter à l'Assemblée qui se tiendra le 2 mars

(1) Même formule qu'au paragraphe précédent.

présent mois, devant M. le Bailli de Beaumont et quant à l'autre cahier, il sera et demeurera par minute au greffe de cette ville (1) et ont tous lesdits habitants donné auxdits sieurs députés susnommés tous pouvoirs requis et nécessaires à l'effet de les représenter à ladite assemblée pour toutes les opérations prescrites par l'ordonnance de M. le Bailli de Beaumont, comme aussi de donner pouvoirs généraux et suffisants de proposer, remontrer, aviser et consentir tout ce qui peut concerner les besoins de l'Etat, la réforme des abus et l'établissement d'un ordre fixe et durable dans toutes les parties de l'administration, la prospérité du roïaume et le bien de tous et de chacun des sujets de Sa Majesté (2).

« Et de leur part lesdits députés se sont présentement chargés du cahier des doléances de ladite ville et ont promis de le porter à ladite Assemblée et de se conformer à tout ce qui est prescrit et ordonné par les dites lettres du Roi, règlement y annexé et ordonnances susdattés; desquels nomination de députés, remise de cahier, pouvoirs et déclarations, nous avons à tous lesdits comparants donné acte et avons signé avec ceux desdits habitants qui savent et ont voulu signer et avec les dits députés notre présent procès-verbal ainsi que le duplicata qui a été présentement remis aux députés pour constater leurs pouvoirs et le présent sera déposé aux archives du secrétariat de la communauté.

« Fait et clos ledit jour, Dimanche 1er Mars 1789 (3). »

---

(1) Où, malgré d'actives recherches, nous n'avons pu le découvrir.

(2) Cette formule, qui peut sembler énergique employée par les gens du Tiers, vis-à-vis de la Royauté, n'est que la reproduction d'une phrase contenue dans la lettre du Roi.

(3) Ont signé : Compagnon, Fillion, Foulon, Houlet, Drouët, Mazières, Chantrelle premier échevin; Bridault, Caron, Dumée, Boulet, Beaudouin, La Folie, Blin, Nicolas Nève, Marquet, secrétaire-greffier; Dubois, maire; F. Caron, Silly, Bretteville, A. Gautier, Duplessis, Le Prince, procureur; Gilbert, Courtois, Le Sueur, Le Grand, L. Lussignol, Fournier, Despeaux, Compagnon, premier huissier-audiencier.

En marge : Tisserand, Lucas, Plumault, Dupuis, Delaneuville, Silly, Pigeaux, Berton, Deboissy, Damoy, F. Emery, Dupuis, Demoteses, Baucheron, Humberdot, Courtois, Legrand, Chéron.

Des assignations furent portées aux convoqués des trois ordres par les huissiers royaux à l'effet de tenir une assemblée secondaire à Beaumont pour toute la circonscription du baillage qui comprenait :

Anserville (pour le fief de la Landrelle); Beaumont, Belle-Eglise, Bernes, Boran, Bornel Bossang (fief à Noisy), Boulonville (1), Bruyères, Champagne, Les Vosseaux, Ercuis (en partie), Esches, Fercourt (2) (en partie), Fresnoy, Fresnel, Grinval (3), Houdancourt (4), Jouy-le-Comte, Landrimont, Maffliers, Mesnil-Saint-Denis, Mesnelle, Morancy, Morangles, Mours, Nointel, Noisy, Neuilly (en partie), Parmain, Persan, Plessis-Corneroy (5), Petitval (6), Précy (en partie), Prérolles, Presles, Puiseux, Renouval, Ronquerolles, Valpendant, Vignon (7), Villers (fief à Belle-Eglise) (8).

Morancy-la-Ville qui comptait 10 feux, députa à Senlis, quoique ressortissant de Beaumont où elle avait été oubliée (9).

Les possesseurs des fiefs avaient été convoqués à l'effet de se présenter ou de donner procure à des fondés de pouvoirs pour l'assemblée intermédiaire qui devait se tenir à Senlis. Il avait été procédé de même à l'égard des dignitaires du clergé, et des curés. Les communautés religieuses devaient élire aussi des représentants.

La réunion des députés du Tiers-Etat pour le bailliage eut lieu à Beaumont le 2 mars.

M. Desjardins, dans son travail si complet, déclare n'avoir pu

() PrèsMéru.

(2) Entre Cauvigny et Fayel.

(3) Près Pont-Sainte-Maxence.

(4) Près la Tour-du-Lay.

(5) Près Crépy.

(6) Près l'Isle-Adam.

(7) Peut-être le Vignou, fief à Noisy.

(8) Cette liste, qui se rapproche de celle que nous avons donnée déjà pour l'ancien comté de Beaumont, a été établie par M. G. Desjardins, dans l'ouvrage déjà cité : *Les Etats-Généraux dans l'Oise*, p. 583.

(9) *Etats-Généraux dans l'Oise*, p. 319.

trouver le procès-verbal de la séance; mais il nous donne cependant des incidents curieux qui ne sont guère à l'honneur du bailli de notre ville.

Aussi ne doit-on pas s'étonner s'ils n'ont laissé aucune trace dans les archives communales et départementales.

D'après des plaintes adressées au garde des sceaux, il résulterait que Lemaître se préoccupera moins des bienfaits que pouvaient donner les Etats-Généraux que de mettre en relief sa personnalité.

Le garde des sceaux, dans une lettre aux officiers royaux, leur ordonnait de « seconder autant qu'il serait en eux les opérations. En prenant ces précautions, Sa Majesté n'a point perdu de vue la liberté qu'Elle a eu l'intention d'assurer aux différentes assemblées et Elle a spécialement recommandé qu'on évitât soigneusement tout ce qui pourrait présenter l'apparence de la contrainte de la gêne ou même de l'influence. »

Au mépris de ces instructions, le bailli de Beaumont essaya d'exercer une grande pression sur les délégués. Il fit fermer les portes pendant la séance et apposta la maréchaussée.

Rejeté par l'Assemblée, il se serait même, contre toute justice nommé député d'office et aurait introduit de force des articles dont il avait rédigé le titre (1).

L'Assemblée au bailliage avait pour objet de fondre en un seul les cahiers de doléances des paroisses : c'était le cahier de la ville, et de nommer les députés chargés de le porter à Senlis.

Le règlement particulier de 1789 ordonnait de n'envoyer à l'Assemblée générale du bailliage principal que le quart des délégués des villes et des campagnes. Nous avons vu déjà que le Tiers de Beaumont s'était montré mécontent de n'avoir pas de représentation directe : il protesta aussi vivement contre la réduction du quart.

(1) Dans un mémoire justificatif au Garde des Sceaux, Lemaître nie toute contrainte, explique la présence du brigadier de la maréchaussée par la curiosité de celui-ci et accuse le notaire Fillion, son ennemi personnel, d'avoir sciemment dénaturé les faits pour entraver son élection.

Charles Carrié, de Beaulieu, délégué de Puiseux, fut envoyé à Paris à l'effet de réclamer sur ce point; mais sa démarche n'aboutit pas (1).

Les Trois-Ordres se réunirent à Senlis le 11 mars, à dix heures du matin, par devant le grand bailli, M. le duc de Levis (2), et procédèrent à la réduction qui devait s'effectuer avant toute délibération.

Voici la liste des députés qui prirent part aux travaux de l'Assemblée pour le bailliage de Beaumont :

Furent élus, pour le quart des délégués des paroisses :

MM. Mazières, Fillion, Marquet, procureurs, tous trois députés de Beaumont ; de Beaulieu, cultivateur à Puiseux ; Gilles Thiphaine, Jean Boucher, Jean Martin et François Chéron, de Presles ; Jean Meunier, de Bernes ; Théodore Ferry, du Mesnil-Saint-Denis ; Martin Caron et J.-B. Depuillé, de Persan ; Etienne Pilletan, de Fresnoy ; J.-B. Badran, de Noisy ; Pierre-François Hailleux, de Houdancourt ; J.-B. Fessart, de Champagne ; Jean-Denis Fillerin, de Bernes ; Charles Desnoces, de Bornel.

Lemaître, bailli de Beaumont, fut exclu par ses collègues, conformément à l'avis du procureur du roi, à cause de sa nomination irrégulière.

Les documents concernant la fusion des cahiers des élus réunis à Senlis ont disparu. Nous n'avons pu, malgré de patientes recherches, nous procurer le cahier des doléances du baillage de Beaumont.

Il nous reste à citer pour être complet, les noms des députés des ordres privilégiés d'après l'appel des trois états du baillage (3).

---

(1) Par un arrêt du 8 mars, le Conseil du Roi annula, du reste, la résolution des Bailliage de Senlis et Châtellenie de Creil de ne point effectuer de réduction.

(2) Gaston-Pierre-Marc, duc de Levis, maître de camp de cavalerie, seigneur d'Emery, de Liviliers, capitaine des Gardes de Monsieur, frère du roi, et Grand-Bailli d'épée.

(3) D'après M. G. Desjardins. Ouvrage cité p. 379 et suiv.

CLERGÉ

Etaient présents :

Charles-Vincent de Bulté de Chéry, chanoine, pour le chapitre de l'église de Paris, seigneur du fief St-Germain, paroisse de Bernes ;

Pierre-Jean Longuépée, curé de Beaumont, pour : 1° Denis François Picot, chapelain de Monsieur frère du Roi, demeurant à l'Ecole royale taire, chapelain de St-Jacques de Richebourg à Beaumont ; 2° le curé de Bernes, Louis-Antoine Ledoux ; 3° la cure et le doyenné de Beaumont ;

Rouart, curé d'Aumont, représentant Pierre Colasse, prêtre chapelain de l'église de Précy ;

Augustin-Marie Richard, chanoine régulier de St-Vincent de Senlis, pour Pierre-Nicolas Lesbroussart, curé de Belle-Eglise ;

Auzias, curé de l'Isle-Adam, pour Pierre Saulnier, curé de Boran ;

Etienne-Benoît Besson, curé de Bornel, pour sa cure et celle de Puiseux tenue par Pierre-Paul Dubu ;

Geruzet, curé d'Ully-St-Georges, pour Ch.-Hippolyte Leroy, curé de Crouy ;

David, curé de Lormaison, prieur de Bouqueval, pour Jean Guédé, curé d'Esches ;

Rigault, curé de Ronquerolles, pour sa cure et pour Etienne Roisin, curé de Morancy ;

Humeau, curé de Balagny, pour Pierre Moutier, curé de Noisy-sur-Oise ;

Dupont, chanoine semi-prébendé de l'église de Senlis, pour J.-B. Toussaint, curé de Persan ;

Lafleur, curé de Gouvieux, pour Louis-Florent de Lannoy, curé de Précy ;

Dom-Claude François Merey, docteur en Sorbonne, prieur de l'abbaye des Roches, pour J.-B. l'Ecuy, conseiller aumônier du roi, de l'abbaye royale de Prémontré, chef et général dudit ordre, prieur titulaire du prieuré simple et régulier de Sainte-Marguerite de Morangles ;

Jacques-Antoine Heulliard, chanoine de l'Eglise de Senlis pour Nicolas-Antoine Romet, bachelier en théologie, doyen des maîtres des requêtes de Mgr, comte d'Artois, prieur et seigneur de N.-D. de

Villers-Adam, et aussi pour Pierre-Clément, chanoine de l'Eglise de Beauvais, prieur de St-Jacques de Belle-Eglise ;

Dom Rolland, prieur claustral de Saint-Leu-d'Esserent, pour dom J.-J. Laleux, bénédictin de la congrégation de Saint-Maur, prieur de Ronquerolles ;

Baraton, chanoine de St-Rieul de Senlis, pour Antoine-François Claude-Marie-Christophe de Beaumont, chevalier de Malte, commandataire de St-Léonord de Beaumont ;

Varneau, grand chantre de l'église de Senlis pour Pierre Canut, prieur de la maison de Sainte-Croix-la-Bretonnerie à Paris, prieur de St-Pierre à Beaumont ;

Le P. Billet, supérieur des religieux Minimes de Beaumont, pour sa communauté ;

Dom Barry, curé de St-Leu, pour les religieuses bénédictines du prieuré de St-Martin-lès-Boran.

Furent déclarés absents :

Le chapitre de N.-D. de Beaumont ;

Les chapelains des chapelles de Boran et de Persan ;

Les seigneurs des fiefs du cardinal Lemoine, Saint-Antoine et N.-D., s's à Champagne ; de Candicourt et hôpital de Bernes ; de Mortemer à Noisy ;

Les curés de Bruyères, de Fresnoy, de Morfontaine, de Villers-Adam ;

Les vicaires en chef de Fosseuse et de Morangles ;

Les prieurs titulaires du prieuré de La Madeleine de Bornel, du prieuré de Nointel ;

Le commandeur de Belle-en-Tel.

NOBLESSE

Étaient présents :

M. le Grand-Bailli, représentant Monsieur, Frère du Roi, comme seigneur de Beaumont, Champagne, Presles, Courcelles, Nointel, Mesnil-Sainte-Honorine, Verville, Vaux (en partie); Jouy-le-Comte, Boulonville et autres fiefs situés auxdites terres ;

De Chevreuse, pour Anne-Léon, duc de Montmorency, premier baron de France et premier baron chrétien, chef des noms et armes de sa maison, comme seigneur de Précy et de Blaincourt, près Précy ;

André-Louis Florans de Mollière, capitaine au régiment de Royal-Auvergne, pour Louise-Félicité de Fresnoy, veuve de Julien-Thérèse de Perthuis, dame de Neuilly-en-Thelle, Bois-des-Cauches, Grand-Gournay, Plessis-Godard ;

De Guillerville, pour Remy de Perthuis, chevalier, seigneur de Margicourt et Laillevault, paroisse de Champagne ;

De Saint-Germain, pour Louis Barnabé de Baudéon, comte de Parabère, chanoine de la cathédrale d'Auch, seigneur de Boran et Morancy-la-Ville ;

Le marquis Picot de la Motte, pour J.-B. Michel, écuyer, seigneur d'Anserville, capitaine de cavalerie ;

Antoine-Marie-Pierre Hamelin, seigneur des fiefs de Phœnix et Moricault, paroisse de Fresnoy-en-Thelle, pour lui et pour Nicolas Renaud-Desmetoizes, chevalier, seigneur de Fresnoy, des fiefs de Tirepoitron et de Toury à Beaumont, Gournay à Fresnoy, de la Ruelle et de la Thiaise à Belle-Eglise, ancien capitaine des troupes détachées de la marine ;

Hamelin de Verneuil, pour Jean-Bernard Bruant, chevalier conseiller de Grand'Chambre au Parlement de Paris, seigneur de Puiseux ;

Jacques-Louis Le Boullanger, président de la Chambre des Comptes et conseiller honoraire du Parlement, seigneur des terres et baronnie de Fosseuse, Bornel, Courcelles, pour lui et pour Charles-Louis-Honoré de la Vallée, comte de Pimodan, gentilhomme d'honneur en survivance de Monsieur, frère du roi, major en second du régiment de Barrois, seigneur d'Esches ;

Antoine-Nicolas Perrot, chevalier, président de la Cour des Aides de Paris, seigneur du fief de La Motte-Domillié, près Beaumont ;

Antoine-Nicolas Doublet de Persan, marquis de Persan, chevalier, conseiller du Roi en ses Conseils, maître des requêtes ordinaires de son hôtel, seigneur de Persan, Bernes, Ronquerolles, Renouval, Montagny-Prouvaire, Les Thuileries, Crouy, Mesnil-Saint-Denis ;

De Florans, l'aîné pour Nicolas-Emile de Perthuis, chevalier, seigneur de Vaux, Compiègne et en partie de Champagne ;

Angélique-Pierre Perrot, chevalier, conseiller du Roi en tous ses Conseils, ancien avocat-général de Sa Majesté, président de sa

Chambre des Comptes, propriétaire du domaine de Courcelles et de Valpendant, paroisse de Presles.

Furent déclarés absents :

Les seigneurs de Bruyères, de Noisy et fiefs y situés, de Nantouillet, de Fercourt, de Menillet, de la Motte-Houdancourt, de Lormaison, de Corbeil-Cerf.

Nous ne pouvons clore ce chapitre sans constater la modération et la justesse des demandes contenues dans les cahiers des Etats; mais la force des choses poussait le Tiers à prendre rang dans le royaume.

« Chacun des représentants est un soldat combattant sur un pont rompu derrière lui; il doit vaincre ou mourir; il ne peut reculer sans perdre la vie. »

Ainsi s'exprimait le lieutenant-général du bailliage de Senlis dans la conclusion de son discours d'ouverture.

N'avait-il pas le sentiment de l'impuissance des Etats-Généraux, et n'entrevoyait-il pas pour un avenir prochain le succès de la Nation française?

FAITS DIVERS

Malgré la réunion des Etats et les discours remarquables des députés, la France souffrait. La misère était extrême : à Beaumont, les ouvriers gagnaient 10 sols par jour ; encore ce salaire était-il réduit en hiver.

Dès 1788 (1), les officiers municipaux étaient étonnés du nombre prodigieux d'indigents qui se faisait sentir dans la ville et reconnaissaient « qu'indépendamment des personnes que la honte ou le besoin retient cachées, le dénombrement des pauvres montait à plus de 500 et formait le quart de la population totale (2). » Cet état de choses était général. Des réformes s'imposaient que la France réclamait énergiquement.

Nous suivrons, grâce aux registres de nos archives communales, les événements qui s'accomplirent dans la capitale (3).

Le 19 juillet 1789, une assemblée générale des habitants a lieu pour la formation de la milice bourgeoise, dans le but de réprimer les désordres des campagnes. Elle organise un comité permanent de discipline ; elle décide que, conformément aux ordonnances, la milice sera composée de tous les hommes et garçons en état de porter les armes, depuis l'âge de 18 ans jus-

(1) Délibération du 9 janvier, Assemblée des Notables. — *Arch. com.*

(2) Beaumont comptait alors 2.200 habitants.

(3) Cependant, constatons une lacune regrettable : du 21 mars au 19 juillet, le registres des Assemblées communales ne porte aucune délibération.

qu'à 60 ans ; puis elle procède à la formation de quatre compagnies et à l'élection du commandant (1).

Le 20 juillet, le Comité établit quatre corps de garde composés chacun de 10 hommes (2). Le 21, la disette de blé et de farine se faisant sentir plus rigoureusement, et la municipalité de Paris ayant pris les mesures propres à assurer l'approvisionnement de la capitale, le Comité opère à Beaumont la saisie de sacs conduits en fraude à différents marchés. Le 23, il fixe une nouvelle taxe pour le pain et les grains. Le blé, qui était à 36 livres; le setier est abaissé à 33 livres; l'orge tombe de 22 à 19 livres, et le pain de 3 sols la livre à 29 sols les 10 livres, ou 14 sols 6 deniers le pain de 5 livres.

Le 24, le Comité de l'Hôtel-de-Ville de Paris accorde à Beaumont 50 sacs de seigle à prendre à l'Hôtel des Invalides (3).

Le 25, le prix du pain subit une modification : les 10 livres valent 26 sols; mais le pain imposé par le gouvernement, qui jusque-là se composait de deux tiers de blé et d'un tiers d'orge, devait contenir dès lors deux tiers d'orge et un tiers de blé.

Paris était en pleine famine; le pain que l'on s'arrachait dans la capitale était terreux et causait de violents maux d'estomac.

La province était aussi dans un déplorable état.

Le 13 août, les ci-devant privilégiés de Beaumont, imitant le dévouement de ceux de l'Assemblée nationale, renoncent à leurs privilèges. Nous extrayons de la coutume de Senlis quelques droits en usage avant la Révolution (4) :

(1) Les quatre compagnies furent celles de la Place, du Beffroi, de Saint-Laurent, du Pont. Chacune comprenait un capitaine, un lieutenant et un sous-lieutenant. Le colonel commandant fut M. Descambous.

(2) Au pont, dans les rues des Lombards, de Senlis et de Paris.

(3) Le comité avait demandé aussi 100 fusils qui furent refusés « par la raison que Paris n'en ayant pas n'en peut fournir. (Lettre de M. Lefebvre de Guéneau, électeur de Paris. — *Arch. com.*)

(4) Réforme de la Coutume de Senlis, en 1539. — (V. *Coustumes generalles de Senlis*, etc., par Laurent Bouchet. — Paris, 1631.)

ART. 84

Comté et bailliage de Beaumont-sur-Oize maintenus par le Procureur du Roy au bailliage de Senlis estre Chastellenie, ancienne dudit bailliage de Senlis (1).

Audit Comté y a bailly qui a ses lieutenans et autres officiers pour le Roy, et a droict d'assise, où ressortissent le Prévost Royal dudit Beaumont, ensemble les appellations des sergents avec les Baillifs, Chastellains et Juges subalternes dudit Comté.

ART. 85

Dudit Comté sont les Chastellenies de Persent et Méru, ressortissans par appel en l'assise dudit Beaumont : les baillifs desquelles chastellenies jugent à péril d'amende, et sont tenus de soustenir leur jugé comme dessus (2).

ART. 93

Des droicts appartenans aux Seigneurs Chastellains

A un Seigneur Chastellain, outre un haut Justicier, appartient assise et ressort de ses Prevosts ou gardes de Justice, ses sujets par devant son Baillif en cas d'appel et autrement par réformation ; il a scel authentique, tabellion, droit de marché (et aucuns ont droict de travers), Prieuré ou Eglise Collegial, Hostel-Dieu et Maladerie, Tour et Chastel, s'il lui plaît, fort et pont-levis. » Sur cet article, les procureurs de Méru et de Persent ont dit qu'outre les droits contenus dans cet article, ils ont divers droits particuliers dont peuvent temoigner les denombrements anciens, et autres pièces. Ils en demandent l'adjonc-

---

(1) Lors de la réformation de la coutume de Senlis, les officiers du baillage de Beaumont voulaient exiger que les usages de leur comté fussent rédigés en un cahier séparé, comme ceux de Valois et mis en ordre après le comte de Valois. Ils ajoutaient que le comte de Beaumont n'était sujet en rien au bailliage de Senlis. Pour répondre à ces prétentions, le procureur du roi produisit un livre de coutume, de 1506, et lut à l'assemblée que « Beaumont-sur-Oise, réuni à la couronne, tenu par le roi Louis régnant... est sujet au bailliage de Senlis, ainsi qu'il l'était auparavant ledit apanage. » — *Histoire de Valois*, tome II, page 402, par Carlier, 1764.

(2) En note : « Edict de l'etablissement du Bailliage de Be[illegible]ais, la Chastelenie de Méru, lui a été attribuée : sur quoy est intervenu arrest contre les officiers de Beaumont, le 6 febvrier 1612.

tion à cet article. Le procureur du Roy au bailliage de Senlis assisté de l'avocat du seigneur a empêché cette annotation sous réserve toutefois que les intéressés auront acte de leur protestation.

ART. 126.

Quand un homme va de vie à trépas, s'il laisse plusieurs enfants ou petits enfants, le masle aisné pour son droit d'ainesse emportera les deux parts avec le principal manoir de la succession et le jardin (si jardin il y a) jusqu'à deux arpens, si tant il y a, et s'il n'y a manoir ni jardin, aura le vol d'un chapon estimé à un arpent de terre (1) par tout le Baillage de Senlis et anciens ressorts d'icelui en ce qui est de la rivière d'Oize (comme venant de Creil, Beaumont et Compiègne audit Senlis, excepté en la Chastellenie de Pontoise ou y a coutume locale cy-après contenue et déclarée).

ART. 237

Par la coutume du Comté de Beaumont et Chastellenie de Chambly, quand aucun a vendu aucun fief, terre et seigneurie, le dit vendeur est tenu dedans 40 jours à compter du jour de la vendition dudit fief, de soi tirer vers le Seigneur feodal et à lui payer le quint denier de la vendition dudit fief, soi en dessaisir au profit de l'acheteur et requérir qu'il en soit revêtu; et lequel acheteur doit requérir au seigneur féodal en estre reçu en foy et hommage en payant les droits de chambellage, et en lui faisant les foy et hommage dudit fief, ce que sont tenus de faire les seigneurs féodaux... et après la dessaisine faite par le vendeur au profit dudit acheteur ès-mains du seigneur censuel lesdits droicts de ventes et saisines sur peine, par chacun d'iceux de 60 sols parisis d'amende ; et si est tenu ledict acheteur de payer les droicts de saisine; pour lesquels droits de ventes, les dicts vendeur et acheteur sont tenus de payer 16 sols parisis, 16 deniers parisis.

Et encore les seigneurs féodaux ou censuels par puissance de fief et seigneurie s'emparer des fiefs et héritage roturiers vendus en payant à l'acheteur, les deniers qu'il en aurait bailliés, sauf dans le cas ou le ven-

(1) Les bois, vignes, jardins et prés se mesurent par arpents, chaque arpent valant 100 verges et a 26 pieds pour verge, quelquefois il n'y a que 72 verges par arpent.
(Vol du chapon est estimé à 72 verges. Coutume de Clermont, 22 pieds pour verges et 11 pouces pour pied).

deur vendait un champ reçu par lui en héritage ou si l'acheteur était lignager du vendeur.

ART. 238

Par ladite coutume du comté de Beaumont si la vendition est faite francs deniers, soit en censive ou en fief, les dicts seigneurs ont pour raison de ladite vente (si c'est fief) quint et requint ; c'est à sçavoir, le cinquième denier de ladite vente. Et le cinquième denier dudit quint denier ; et si c'est héritage tenu en censive, auront des dites ventes de 16 sols parisis 16 deniers parisis et les ventérolles qui est le seizième denier desdites ventes.

Tous les officiers du comte, c'est-à-dire ceux qui tenaient une charge importante dans l'administration, étaient exempts de certains droits. Ainsi, les privilégiés de Beaumont s'offrirent non-seulement de renoncer à leurs privilèges, mais encore à loger des soldats comme les autres citoyens (1).

Le 26 octobre 1789, le Conseil reçoit une lettre du Comité de rapports de l'Assemblée nationale pour l'organisation de la nouvelle municipalité, aussi pour engager le Comité à « surseoir toute poursuite contre les officiers de l'ancienne municipalité et à maintenir la paix et la tranquillité dans la ville ».

Le 24 novembre, un procès-verbal porte la teneur d'un discours adressé à l'Assemblée nationale par les Beaumontois députés auprès d'elle (2) :

« NOS SEIGNEURS,

« La commune de Beaumont-sur-Oise nous a fait l'honneur de nous choisir pour être auprès de votre auguste Assemblée les dépositaires de son respect et de sa soumission, et de son entière adhésion à ses décrets.

« Elle nous a aussi chargés de déposer sur l'Autel de la Patrie

(1) Nous n'avons pas la liste des privilégiés pour notre ville. Il semble que les papiers compromettants pour la noblesse aient seuls disparu des archives.

(2) Ce furent MM. Triois, Despeaux, Denis, Rumault, Baudoin, Pigeaux, assistés de M. Baudoin, maître de poste.

l'offrande patriotique qu'elle fait à la Nation de la remise, en faveur des contribuables, de l'imposition des ci-devant privilégiés, pour les six derniers mois de 1789.

« Puissent son zèle et son dévouement lui assurer pour toujours la protection et l'accueil le plus distingué de votre auguste Sénat. »

M. le Président de l'Assemblée nationale a fait l'honneur de répondre à MM. les Députés que l'offrande de la Commune de cette ville était très agréable à l'Assemblée, qui lui promettait dans tous les temps une protection distinguée.

Conformément à un décret de la Constituante, la ville réclama en 1790, les places du Château, du Marché-Jeudi et autres places vagues. Le Directoire de Pontoise proposa un arrangement avec M. le prince de Conti.

L'affaire se termina en 1791 (1). La ville acquit les diverses places pour le prix de 200 livres et la prison (propriété du fonds et superficie) moyennant le paiement d'une dette de 156 livres au charpentier « qui a posé, vers 1784, les étays qui soutiennent lesdits bâtiments ».

Le 24 janvier 1790, les habitants de Beaumont se réunissent dans le Couvent des Minimes à l'effet de former la nouvelle municipalité (2).

---

(1) Par acte passé entre Nicolas Ledure, commissaire des Domaines de l'Isle-Adam et dépendances; et Jean-Guillaume Bernard, maire, et Charles-François Lefèvre, officier municipal, Jean-Charles Despeaux et Laurent-Prudent Douceur, notables, demeurant tous quatre à Beaumont.

(2) En vertu de l'Assemblée du Comité, en date du 17 janvier, d'après lettres patentes en date de décembre 1739, concernant la formation des nouvelles municipalités dans toute l'étendue du royaume, celle sur le décret de l'Assemblée nationale (décret du 14 décembre), pour l'admission des non-catholiques dans l'administration et dans tous les emplois civils et militaires.

Les électeurs furent au nombre de 167. Le scrutin eut lieu sous la présidence de M. Laurent Bretteville, marchand tailleur, âgé de quatre-vingts ans. Voici les résultats.

Pour l'élection du maire :

M. Bénard, bourgeois, 123 voix (élu); Dr Vié, 26 voix; Bailly, procureur royal, 3 voix; Divers, 11.

Le 25 janvier, eut lieu la nomination des magistrats municipaux.

Furent élus sur 110 votants :

J.-B. Denis, négociant, 92 voix; Baudoin, père, orfèvre, 81 voix; Anselme

Les citoyens payant plus de 3 livres d'impôts étaient électeurs et ceux qui payaient plus de 10 livres étaient éligibles.

C'était là un fait important dans l'histoire de notre pays. On en poûrra juger par la valeur que nos compatriotes y attachaient.

Lors de l'installation du maire, le 30 janvier, M. Beaudoin fils, délégué par M. Bénard, maire, prononçait ces paroles :

« ... Personne n'ignore que c'est aux excès et aux tyrannies du régime féodal que l'on doit la reproduction des municipalités. Cette institution populaire, si fort honorée chez les peuples anciens, mais oubliée en France avec leurs lois, dans les temps où la faiblesse des monarques laissa usurper la puissance publique par les grands du Royaume et les petits seigneurs, avait éprouvé toutes les vicissitudes auxquelles est toujours sujette la liberté des peuples.

« Ils ne sont plus ces temps désastreux d'un régime oppresseur pour les Français. Nous ne verrons plus cette classe privilégiée tirer une ligne de démarcation humiliante entre elle et le reste du peuple; nous ne verrons plus un homme enorgueilli de sa naissance ou de sa fortune se présenter hardiment pour gérer les places les plus importantes, tandis que le mérite modeste et plébéien frappait inutilement à la porte du sanctuaire des Lois.

« ... Il était temps qu'au milieu de tant de variations, d'usages abusifs, de droits absurdes, un régime uniforme et honorable

Boulet, marchand, 79 voix; Ambroise Bignon, marchand épicier et de fer, 79 voix ; Nicolas Nève, laboureur, 79 voix.

M. Mézières, notaire et procureur, fut nommé procureur par 100 voix sur 110 votants.

Le même jour, il fut procédé à la nomination de 12 notables. Les votants étant au nombre de 99, les élus furent : Simon Courtois, hongroyeur, 61 voix ; Le Duc, négociant, 61 voix ; Ch.-François Lefebvre, juré-priseur, 59 voix ; Louis-Nicolas Pigeaux, bourgeois, 57 voix ; Laurent Cagnet, marchand farinier, 51 voix ; Claude Pigeaux, négociant, 50 voix ; Prudent Douceur, marchand farinier, 50 voix ; J.-Louis Baudoin, orfèvre, 49 voix ; Jean-Claude Baucheron, laboureur-vigneron, 46 voix ; Antoine Béjot, maître du pont, 45 voix ; Hébert, bourgeois, 44 voix ; François Legrand, quincaillier, 43 voix.

vînt relever la dignité inséparable des magistratures populaires, si justes parce qu'elles sont électives, et si modérées parce qu'elles sont périodiques.

« Il faudra compter des vertus et non plus des richesses; nos vrais tuteurs ne seront plus ceux que l'or ou le hasard auraient placés sur les Lys, mais ceux que vous choisirez librement dans vos assemblées sans distinction d'ordre, de classe et de rang.

« Nous allons voir l'homme, dans quelque état qu'il soit né, recevoir de vos mains impartiales la récompense de ses vertus et le prix de ses talents. Alors seulement vous aurez un pays libre, et vous pourrez être fiers d'en être les habitants.

« Que les ennemis du bien public sentent donc que si malheureusement il est trop facile de prolonger l'esclavage d'un peuple, il est impossible de l'enchaîner à nouveau, lorsqu'une fois il a brisé ses fers et qu'il s'est placé courageusement au rang des peuples libres... »

M. Lemaître, l'ancien bailli que nous avons jugé déjà lors des élections de 1789, vient ajouter la note lyrique à ces enthousiastes discours (1) :

« ... Hier, mes chers concitoyens, hier, nous étions des esclaves, aujourd'hui, nous sommes des hommes ; hier, nous n'étions que des êtres passifs sous l'empire ministériel ; aujourd'hui, nous sommes des citoyens actifs sous le meilleur des rois ; hier, enfin, nous n'avions que le nom de Français ; aujourd'hui nous sommes dignes de l'être.

« ... O Dieu de ma Patrie, si tu daignes prêter ton bras à cette Révolution, si tu nous secondes dans le recouvrement de la Liberté, si tu veux encore bien protéger sa conservation, tu

(1) Lemaître avait fait amende honorable envers la commune : « ... La sévé-
« rité que la commune a mise à poursuivre ses erreurs lui a fait faire des réflexions
« de paix et d'union, même de regret, et il veut les déposer dans le sein de
« ceux que la commune a bien voulu avouer pour être les médiateurs de l'union
« qu'il désire cimenter avec elle par son zèle et son patriotisme, même son dé-
« sintéressement (*Arch. com.*, Reg. de 1791, p. 81).

n'ignores pas que sa morale est celle de ton Evangile ; que ce bien précieux ne peut que donner un mérite de plus au culte que nous te rendons ; qu'en se communiquant infailliblement à notre âme elle pourra facilement s'élever jusqu'à toi.

« Veille donc au maintien de notre Liberté et sur son Auguste réparateur ; veille sur la tranquilité de nos dignes représentants et à la sagesse de leurs décrets !

« Veille sur toute la nation, sur nous en particulier, et mérite tes Autels ! »

Les élus se réunirent sous le titre de Conseil général de la Commune.

Le dimanche 14 février, un *Te Deum* fut chanté en l'église paroissiale en l'honneur de la prestation de serment du roi à la Constitution. Les officiers municipaux et le peuple prêtèrent aussi serment.

Devant une pareille union, qui était générale, devant l'expression si juste de désirs communs, on pourrait s'étonner des excès qui forment la page sombre de la Révolution. Cependant la Noblesse et le Clergé devaient disparaître sous la vigoureuse poussée qu'avaient fait naître leurs excès. Sans doute la lutte fut sanglante : la Bourgeoisie n'eut pas le temps ni la force de faire l'éducation politique du peuple. Du reste, un peuple opprimé a-t-il la patience d'attendre le moment favorable et de raisonner sur les moyens de s'affranchir ? N'est-il pas comme la mer, dont les flots battent éternellement les digues et profitent de la moindre fissure pour envahir la plaine ?

En vertu du décret de l'Assemblée nationale et constituante portant que « tous possesseurs de bénéfices et de pensions sur bénéfices ecclésiastiques quelconques, sont tenus d'en faire la déclaration », le Conseil reçut, le 19 février, la déclaration des bénéfices tenus par les ecclésiastiques de Beaumont (1).

(1) Ce décret portait en outre la suppression des maisons religieuses.

Ont déclaré :

	REVENUS			CHARGES	
M. Bailly, procureur royal à Beaumont et fondé de pouvoir de Monsieur de Beaumont, clerc tonsuré prieur, commandataire du prieur de Saint-Léonor....................	11597 l	» s	» d	8656 l	10 s
Le Prieur de N.-D.-des-Bonshommes (1)................	3886	»	»	600	»
Les Révérends Pères Minimes...	5514	5	»	1614	16
M. Bailly, au nom du prieur de La Tour-du-Lay...........	9101	»	»	4146	18
M. Longue-Epée, curé de Beaumont pour Notre-Dame-des-Champs (2)................	1081	»	»	839	3
Ledit curé déclare pour l'église paroissiale (3)...............	2137	19	4	2633	18
Soit pour ces divers bénéfices un total de....................	33318 l	» s	4 d	18493 l	5 s

Le 22 février, le Conseil vote la formation d'une milice de 20 grenadiers, qui devaient avoir cinq pieds cinq pouces au moins. Il est arrêté que sur l'une des faces du drapeau sera figuré un Autel qui aura pour légende : *A la Liberté*, et sur cet autel trois bras qui prêtent serment ; sur l'autre face, trois lions d'argent. Une députation fut envoyée à M. le duc de Lévis, pour le prier d'accepter le commandement de la milice, ce qu'il fit en effet. Le 7 mars, eut lieu la nomination de deux capitaines de la Garde et des officiers (4).

Le 6 mai, de nouvelles élections primaires furent faites.

(1) A l'Isle-Adam.
(2) Déclaration faite le 26 janvier.
(3) Déclaration faite le 28 mars.
(4) Furent élus :
Capitaines : Despeaux, Douceur le jeune, Bénard, fils du maire ;
Porte-drapeaux : Dornel, de Saint-Just et Laurent-Prudent Douceur ;
Porte-flammes : Fontaine fils ; Bretteville petit-fils : Lucas fils, Houlet fils.

MM. Bailly, Denis et Mazières sont nommés électeurs pour la formation du Conseil d'administration du département de Seine-et-Oise (1). A leur retour de Pontoise, MM. Denis et Mazières annoncent à la satisfaction de tous que M. Bailly a été nommé administrateur du département.

Le 11 mai, a lieu par M. Génard, receveur du domaine du Roi, et de Monsieur, Frère du Roi, la remise de la resserre des grains à la ville de Beaumont, ainsi qu'un marc de 8 livres, une balance, l'aune en fer du Châtelet et un étalonnage.

Le 22 décembre 1790 eut lieu l'installation à Beaumont de M. Bailly dans les fonctions de juge de paix.

Le 22 janvier 1771, MM. Longue-Epée, curé, Bimont et Duplessier, vicaires de Beaumont, prêtent le serment décrété par l'Assemblée nationale le 27 novembre, sanctionné le 16 décembre. La prestation de serment se fit avec solennité. M. Longue-Epée motiva son serment par un long discours empreint de la foi la plus vive et du patriotisme le plus pur.

M. Mazières, procureur de la commune, exprima sa satisfaction de l'empressement des prêtres et termina ainsi son allocution : « Oui, messieurs, en vous conservant comme ministres de « notre religion, la Constitution vous adopte comme ses enfants. « Vous vous identifiez avec nous comme frères et citoyens... « Vous nous apprendrez de plus en plus nos devoirs envers l'Etre suprême, notre père commun; la Patrie, notre mère « commune; la Loi, notre guide, et le Roi notre modèle. »

M. Longue-Epée est une figure sympathique que nous nous faisons un plaisir de détailler. Il fut rare de trouver à cette époque des prêtres ayant comme lui le profond respect des lois et recevant les hommages unanimes de ses concitoyens.

Voici le résumé d'une mention le concernant (2) :

(1) Ce conseil d'administration comptait 36 membres.

(2) Cette note est datée de 1792. Elle fut fournie à l'administration en réponse à une demande de renseignements.

M. Longue-Epée fut remplacé, en 1795, par M. Binant.

« M. Longue-Epée fut le consolateur de l'affligé, le soutien du pauvre, le défenseur de l'opprimé, soit dans l'épidémie de 1783, soit dans le rigoureux hiver de 1789. Il est connu de tous par ses lumières et son intégrité; il a constamment montré autant de soumission que d'empressement à proclamer son civisme; s'est inscrit lui-même sur les registres de la Garde nationale; a toujours fait son service; a fourni à son tour le logement et l'hospitalité des braves volontaires; a recueilli les offrandes patriotiques; a rédigé des proclamations toutes dignes d'un zélé républicain; enfin a engagé et recruté des hommes pour la compagnie des chasseurs bons tireurs. »

Le dimanche 20 février 1791, le clergé de la paroisse, accompagné des officiers municipaux de la Garde nationale, se rendirent en l'église du ci-devant prieuré de Beaumont, à l'effet de transporter en l'église paroissiale le reliquaire de St-Léonor enfermé dans une châsse de bois dur (1).

Le 8 mars, le prix de la viande est fixé, par le conseil, à neuf sols la livre pour la haute boucherie et huit sols pour la basse boucherie, taxe à laquelle les bouchers déclarent se soumettre. Les 13 juin, ces prix sont abaissés de six deniers.

Le 21 juin, le conseil informé de la fuite du roi prend les mesures propres à assurer le calme et à maintenir le bon ordre dans la ville.

Le 14 juillet, la fête de la Fédération fut célébrée avec éclat sur la place du Château. Voici, à cette occasion, les paroles énergiques de M. Briois, sous-lieutenant des grenadiers :

« Que ce serment que nous allons prêter d'être inviolablement

(1) En 1793, l'église devint un lieu de réunions républicaines. Il y fut installé une fabrique de salpêtre et un parc d'artillerie. Les reliques de Saint-Léonor furent dispersées; un citoyen de Viarmes, alors élève chez M. Demonceaux, les recueillit. On ne sait ce qu'elles sont devenues. Les calvinistes les avaient déjà foulées aux pieds pendant les guerres de religion.

Le couvent des Minimes servit aussi à cette époque pour l'emmagasinement des subsistances militaires. L'église fut rendue au culte catholique en mars 1795.

attachés au sort de cet empire, de le défendre avec la fureur et l'enthousiasme de l'amour de la Liberté, soit le gage sacré de votre inviolable fidélité à la Loy. Animés de ces sentiments, mourons, s'il le faut, dignes d'être libres et Français, faisant ennemis à nos ennemis, ces couronnes civiques que décerne la Patrie à ceux qui ont bien mérité envers elle. »

Le 22 août, la municipalité fait une émission de billets de confiance pour 600 livres, le 11 septembre elle fait une nouvelle émission de 1800 livres remboursables en assignats.

Le 20 juillet 1792, la patrie est proclamée en danger; mais la Garde nationale déclare être obligée de rester dans ses foyers.

Le 5 août 1792, M. M. Descambous, chef général de la Légion du District de Pontoise, et Pierre Robert, commandant en second de la Garde nationale, déposent sur l'hôtel de la Patrie les médailles et brevets de l'Ordre Royal de Saint-Louis. L'élan patriotique fut très vif; les offrandes patriotiques eurent le plus grand succès.

Le 20 août, le conseil change en rue de l'Egalité la rue Royale, « dont la dénomination choque les yeux des voyageurs. »

Le 25, il est procédé à l'élection de quatre électeurs pour nommer des députés à la Convention Nationale. Ces députés devaient se transporter à Etampes pour le scrutin définitif, le 2 septembre.

Le premier acte daté de la République française à Beaumont est du mardi 25 septembre; mais c'est le 4 novembre qu'on reçut la notification de la proclamation du nouveau gouvernement.

Le 2 octobre, eut lieu la promulgation de la Constitution française dans tous les carrefours et places publiques de la ville par le maire et les officiers municipaux chacun à leur tour au son des cloches et au bruit des canons. Un *Te Deum* fut chanté. Le soir, la ville fut illuminée et un bal public à l'Hôtel de Ville termina gaiement la fête.

L'Hôtel-Dieu fut l'objet des seules délibérations importantes pour le commencement de l'année 1793. Le 13 janvier, le Dr Vié est nommé médecin en chef au traitement de 150 livres à la charge de visiter les malades une fois par jour. Cet homme de bien prodiguait gratuitement ses soins depuis 1763. La ville avait en vain demandé au gouvernement la remise des impositions au docteur comme rémunération de ses peines.

Le 13 mars, le contingent que la ville doit fournir pour la défense de la République est fixé à 12 citoyens soldats.

Le 29 du même mois, la municipalité donne (1) à la Garde Nationale l'ordre « d'arrêter toutes les personnes suspectes, d'arrêter et de mettre en fourrière les chevaux de luxe et enfin d'arrêter toutes les personnes qui se trouvaient sans passe-ports ou avec des passeports délivrés par la municipalité de Boulogne.

Le 10 avril, il est publié que tous les volontaires passant à Beaumont reçoivent 3 et 5 sols par lieue, conformément à la loi.

Le lundi 22 avril 1793, le maire ordonne l'exécution de la loi du 29 mars qui enjoint à chaque propriétaire d'afficher à sa porte les noms, surnoms, âge et qualités des locataires. Pas un seul Beaumontois ne se soustrait à cette obligation.

Le 13 octobre eût lieu la plantation d'un arbre de liberté.

Le 20 octobre est effectué en assemblée des citoyens de la commune le partage des biens communaux dont un arrêté en date du 10 juin 1793 déterminait le mode de partage.

Tout citoyen âgé de 21 ans avait droit à sa part, et par ce fait avait voix à l'Assemblée. Beaumont possédait 120 arpents et son quart dans 66 arpents à partager avec Bernes, Persan, Mesnil-Saint-Denis. Les 120 arpents étaient propres à la culture des grains de mars et de la vigne. Ils consistaient en pâtures sèches sur la montagne ; 50 arpents étaient en culture depuis l'hiver de 1792. Les 66 arpents étaient en culture depuis la même époque ;

(1) Cet ordre fut donné au reçu d'une lettre imprimée, signée Garat, ministre de l'intérieur, datée de Paris, le 27 mars.

mais ils n'étaient favorables qu'aux grains de mars à cause de leur submersion. Ceux qui avaient mis les terrains en valeur ont récolté à leur profit en 1793 avoine et pommes de terre; 225 citoyens eurent leur part (1) à la charge de payer o fr. 15 par are à la ville.

Nous avons malheureusement à constater une lacune regrettable dans les archives de la ville : de l'an II au 29 pluviôse an VIII de la République, le registre des délibérations ne porte plus que des actes insignifiants : certificats de civisme, dépôts d'armes, prestations de serments. Ce n'est que le 18 prairial que nous retrouvons un nouveau registre (2).

Beaumont dut subir comme toute la France les violences d'un comité de salut public qui se souciait fort peu de léguer à la postérité le compte-rendu de ses séances et la teneur de ses arrêts.

Nous nous permettrons d'enregistrer deux faits que nous a conservés la tradition locale :

M. Perrot de Beaumont (3) fut arrêté à Paris comme suspect, traduit devant un tribunal révolutionnaire et condamné à mort. Son fils déclara vouloir mourir avec lui, tous deux périrent sur l'échafaud. La veuve, restée en notre ville, devait chaque jour comparaître devant ceux qui veillaient au salut de la République et l'un d'eux, Silly, qu'elle avait, dit-on, soutenu jadis dans sa

(1) Le 13 juin 1806, ils furent soumis à un droit de 15 francs par demi-hectare.

(2) Il n'est du reste pas fait mention d'autres registres aux différents inventaires des archives, en 1841 et en 1852.

(3) Le 9 juin 1794, « ... Angélique-Pierre Perrot, ex-président de la ci-devant Chambre des Comptes; Auguste-J.-B. Perrot, ex-noble; Antoine-Nicolas Perrot, ex-président de la ci-devant Cour des Aides... furent guillottinés dans une fournée de gens « convaincus de s'être rendus les ennemis du peuple en abusant de la délégation du pouvoir public, en commettant des exactions envers les citoyens, en se soustrayant aux enrôlements, en cherchant à décourager les défenseurs de la Patrie, et en se mêlant des conspirations de Bicêtre et de Luxembourg.

Gaston de Lévis, ex-comte et colonel de dragons, et député à l'Assemblée constituante, avait subi le même sort, le 28 mai, comme coupable d'intelligences avec les ennemis.

misère, lui criait en sa qualité de membre du comité : « Passe, Perrote, je t'ai vue! » (1).

M. Bénard, que nous avons cité souvent comme maire de notre ville disparut subitement au cours d'un voyage à Paris où il s'était rendu pour toucher une somme importante. La lumière ne fut jamais faite sur ce triste événement (2).

XIXe SIÈCLE

Le 15 août 1800, le maire, l'adjoint et la garde nationale publient avec solennité dans la ville la nomination de Napoléon Bonaparte au consulat à vie et se rendent à l'église, où est chanté un *Te Deum* « en actions de grâces des événements qui ont eu lieu pour la prospérité de la République. »

Le 14 novembre 1801, les officiers municipaux et la garde nationale, vont recevoir le premier Consul à l'entrée du Pont, et lui remettent, au nom des habitants, un discours de félicitations et une pétition tendant à rendre Beaumont chef-lieu de canton et siège de la justice de paix. Il lui est également présenté une branche de lauriers et des jeunes filles vêtues de blanc qui lui ont adressé et chanté des couplets en son honneur et en celui de son épouse, le tout accompagné des plus vives démonstrations de joie et aux cris réitérés de « Vive Bonaparte! »

En l'an 1804, à l'occasion de son couronnement, Napoléon Ier, par un décret, accorde à chaque arrondissement 600 fr. destinés à doter une fille pauvre et de bonne conduite. La ville de Beaumont eut l'honneur de l'emporter sur les autres communes. Le legs fut fait en faveur de la demoiselle Geneviève-Thérèse Emery, âgée de 24 ans et demi, fille de Jacques Emery, âgé de 70 ans, qui « réunissait à la tendresse filiale la modestie, la sagesse et l'indigence (3). Elle épousa, le 31 décembre, Ar-

(1) Silly mourut le 30 janvier 1819, à l'hospice. Il avait 88 ans.

(2) Le dernier acte portant sa signature est du 15 mars 1796.

(1) Rapport de M. le sous-préfet Vanier à M. le maire de Beaumont, en date du 16 novembre 1804.

mand Depesseville, âgé de 32 ans, ancien militaire. La cérémonie eut lieu en grande pompe et, tout le jour, la ville fut en fête.

Le 28 juin 1805, a lieu la réception des travaux du presbytère. Les dépenses s'élèvent à 2,268 fr. 64.

Le 13 juin 1806, le Conseil décide l'achat de reverbères pour l'éclairage de la ville, qui a commencé fin décembre.

Le 2 juin 1811, il fut célébré une grande fête en l'honneur du roi de Rome, avec la solennité et les réjouissances accoutumées.

Le 15 mai 1819, le Conseil municipal décide la construction d'un escalier du Pothuis, à cause du danger qui existait à la descente (1).

Le 10 mai, une délibération du Conseil municipal prescrit le rétablissement du chemin de Noisy à la Blanche-Voie.

Le 13 mai, la reconstruction de la Mairie est reconnue urgente, et il est voté, à cet effet, une somme de 9,673 francs, payables en quatre ans; mais ce crédit fut insuffisant. Le Conseil dut voter un nouveau crédit de 8,000 francs. L'Hôtel de ville fut achevé en 1825 (2).

Un incendie qui éclata le 11 janvier 1825, dans une chaumière de la rue des Veaux, fit des dégâts considérables; un autre incendie éclata le 15 janvier : quinze familles furent réduites à la misère : il leur fut alloué un secours de 8,620 francs.

---

(1) Les travaux furent exécutés pour la somme de 115 francs.

(2) C'est le jeudi 18 octobre, à 5 heures de l'après-midi, que fut posée la première pierre angulaire de l'Hôtel-de-Ville, par M. Gilbert, maire, en présence de MM. Compagnon, adjoint, Demonceaux, Emery, Houlet, Henneton, Berson, Lecomte, Bénard et Descroisettes, conseillers municipaux et MM. Chéron, Vallier et Locré, commissaires adjoints.

« Il a été déposé dans une boëte de plomb, deux médailles en bronze, frap« pées, en 1830, à l'occasion de la naissance miraculeuse *(sic)* de Henry-Marie « Charles-Fernand d'Artois, duc de Beaumont, né le 29 septembre 1830, fils pos« thume de feu Charles-Ferdinand d'Artois, duc de Berry, fils de France, mort « le 14 février 1820; une pièce de 5 fr., 1 pièce de 2 fr., une pièce de 0 fr. 50 c. et « 1 pièce de 0 fr. 25, toutes au millésime de la présente année (1821).

« Il a été déposé, en outre, des médailles des empereurs romains : Auguste, « Tibère, Néron et autres, trouvées dans les fondations de l'ancien pont de cette ville, situé à 600 mètres au dessus du pont existant.

« La population de la ville était, en 1821, de 1,863 habitants. — Le nombre des maisons était de 485. » (*Arch. communales.* Registre des délibérations.)

BEAUMONT EN 1820

Le 20 septembre 1827, M. le préfet et M. le sous-préfet se rendent dans notre ville, à l'occasion du passage du roi. Accompagnés du Conseil municipal, des fonctionnaires de la ville et d'un grand nombre de maires du canton, ils vont au-devant de Charles X, le complimentent sur son heureux retour dans le département qu'il honore de sa présence. « Le roi daigne « répondre *(sic)* qu'il est satisfait de l'accueil qu'il a reçu partout. « Le maire, M. Delavenay, obtient la faveur d'exprimer à Sa « Majesté, au nom des habitants, le profond respect, ainsi que « les sentiments d'attachement et de fidélité envers Sa Majesté. « Puis il rappelle qu'autrefois la ville avait eu l'honneur d'ap- « partenir au Roi, que les événements lui avaient fait perdre ce « privilège; mais que rien n'a pu altérer l'amour et l'affection « de ses habitants à des princes si chéris et si dignes de « l'être (1). »

Le roi témoigne de sa satisfaction et déclare que son seul désir est de voir son peuple heureux. Il accepte des échantillons des produits d'une manufacture de passementerie; puis « il per- « met que les chevaux de sa voiture ne soient conduits qu'au pas dans la traverse de la ville, pour donner aux habitants la satisfaction de pouvoir mieux manifester leur joie. »

Il nous est permis de douter que ces vœux soient l'expression sincère des habitants; car il est difficile d'admettre qu'une ville féodale comme le fut la nôtre restât fidèle à l'ancien régime. Mais on comprend sans peine qu'un maire et un conseil municipal, nommés par l'autorité préfectorale, se soient dévoués pour donner à une fête officielle l'éclat qu'elle demandait.

Constatons aussi que le Conseil municipal se réunissait seulement deux ou trois fois par an. A la dernière séance, il rendait ses comptes et il était nommé de nouveau ou remplacé, suivant le bon plaisir de l'administration. Rappelons enfin, que sous Louis XVIII et Charles X, la réaction cléricale fut très vive : il

(3) *Archives communales.* Registre des délibérations.

était interdit aux cabaretiers et marchands de vendre pendant les offices, et défense était faite aux artisans de travailler.

Dans la séance du 9 janvier 1828, le maire expose les besoins de la ville et il est décidé que, pour satisfaire à ces besoins, il sera demandé pour cinq ans l'établissement d'un octroi dans la ville (1) sur les objets de consommation.

Voici quel fut le tarif de perception :

	OBJETS ASSUJETTIS AUX DROITS	Mesures et Poids	Droits à percevoir		OBSERVATIONS
BOISSONS	Vins en cercles.....	l'hectol.	0 fr.	85	La bouteille commune sera considérée comme litre. La vendange acquittera le droit à raison de 3 hectol. de vendange pour 2 de vin. Les fruits à cidre et poiré payeront à raison de 5 hectol. pour 2 de boisson. Les fruits secs pour boissons sont imposés à raison de 25 kil de fruits pour un hectol. de boissons.
	— en bouteilles...	—	1	15	
	Cidres, poirés, hydromels..........	—	0	35	
	Bière en cercles et en bouteilles........	—	1	70	
	Alcool pur, liqueurs en cercles et eaux-de-vie, et liqueurs en bouteilles.....	—	3	»	
BESTIAUX	Bœufs et vaches....	par tête	3	»	Les bestiaux divisés par moitiés ou par quarts payeront en proportion du droit par tête ; au dessous ils acquitteront au poids comme les viandes dépecées.
	Veaux............	—	1	»	
	Moutons...........	—	0	50	
	Porcs pour élever...	—	0	20	
	Porcs gras de 65 kil. et au-dessus......	—	1	»	
	Viande dépecée.....	—	0	04	Sans autre indication.

Le 19 décembre 1830, en vertu d'une ordonnance de Louis-Philippe, un commissaire de police est installé à Beaumont (2).

Le 26 mai 1831, le roi est de passage dans notre ville; une brillante réception lui est faite. Si les rois changent, le peuple est toujours le même : pareil aux enfants dont la bouche est toujours prête à sourire et le cœur prêt à fêter, pour ceux qu promettent le bonheur.

(1) Conformément à la loi du 28 avril 1816.

(2) Ce fut M. Demichy.

Le 30 août, la garde nationale est réorganisée.

Le 23 octobre, la nouvelle municipalité élue est installée (1).

Le choléra éclata le 20 avril 1832, à Beaumont, et disparut le 30 juin. La plus grande intensité de la maladie fut du 20 avril au 14 mai (2).

Le résumé de la brillante administration de M. Dervillé, comme maire, nous permettra d'apprécier les travaux dont la ville profita de 1840 à 1844.

Des écriteaux pour les rues et des numéros aux maisons furent posés; un bateau-lavoir a été établi; l'escalier du Pothuis fut refait à neuf; le passage du Pothuis; les rues du Bois, du Marché-Jeudi, de Pontoise, du Beffroi, de Florence, des Forges, furent pavées; l'accès du chemin de Pontoise et de la rue aux Loups fut rendu plus facile. La place du Marché-Jeudi assainie et plantée d'arbres, les chemins de la Cavée et de la Pelouse agrandis, la route de Beaumont à l'Isle-Adam entreprise (3), le cimetière transféré en un lieu plus convenable, l'Ecole et l'Asile établis, le bureau de Caisse d'épargne créé, le pont réparé (4), furent autant d'œuvres réalisées pendant cette période.

La gare de Beaumont-Persan fut établie en 1844.

En 1848, la Garde nationale arrête les insurgés et adresse ses vœux au Gouvernement provisoire.

Sous le second Empire, aucun fait saillant ne laisse de trace dans la ville (5).

En 1878, les élections envoient au Conseil municipal une représentation républicaine. Dans la première séance (5), le maire propose et fait adopter un vœu en faveur de l'instruction

(1) Les conseillers, au nombre de seize furent : MM. Compagnon, Latourette, Crochet, Lussignol, Bossion, Leroy, Aubry, Meunier, Chéron, Auger, Bricon, Brossard, Guillet, Demonceaux, de Peyrelongue, Hérault.

(2) Le choléra atteignit trente-sept personnes et fit dix-huit morts.

(3) Elle fut achevée en 1846.

(4) Un parapet et des trottoirs en bitume bordés de granit furent établis en 1841, ainsi que des balustrades le long des quais.

(5) Nous nous réservons de traiter dans des chapitres spéciaux l'invasion de 1870-71 et l'histoire des diverses sociétés beaumontoises.

primaire, gratuite et obligatoire : « gratuite au nom de l'Egalité et pour ôter tout prétexte aux mauvais vouloirs, — laïque, parce que ce principe : « la Science à l'Ecole et l'Instruction religieuse à l'Eglise ou aux Temples » est le seul qui protège efficacement la liberté de conscience ; — obligatoire, dans le double intérêt de l'individu et de la société et au nom de la solidarité réciproque.

LE COLONEL DERVILLÉ

Le colonel Dervillé (Georges-Pierre-Philippe), est né à Paris le 29 septembre 1779.

Dès son jeune âge,

> ... Il était de ceux-là qui suivent les tambours
> Et sentent dans leur sang circuler du salpêtre
> Quand passent les clairons devant un régiment.

Il quitta sa famille à l'âge de treize ans et deux mois, pour courir aux armées. D'abord simple trompette, il étonne les plus vieux soldats par son audace; puis brigadier, à la tête de son escadron, il tombe un jour sur un détachement de cavalerie ennemie qu'il culbute, et dont il fait le chef prisonnier après en avoir reçu un coup de sabre.

A Marengo, le 13e chasseurs attaquait les Autrichiens en colonne serrée. Le colonel Bouquet qui marchait en tête dit à un jeune soldat placé près de lui : « Passe derrière ! » — Non, répond l'héroïque recrue, c'est ici ma place, j'y resterai, » Ce troupier c'était Dervillé.

Il reparut, après la bataille, couvert de sang et de sueur, ayant reçu six coups de sabre. La République lui vota une arme d'honneur en récompense de ce noble fait d'armes.

A Cassano, il est blessé au flanc gauche en pénétrant dans un carré de grenadiers hongrois. A Valence, il est atteint de nouveau à la tête. A Eylau, son cheval est tué : il en prend un autre, reçoit un coup de baïonnette au ventre, fend la tête du soldat qui l'a blessé; puis, après avoir courageusement arraché l'arme de la plaie, il se laisse traîner à l'ambulance. A Salamanque, à la tête d'un détachement, il met en déroute les hussards anglais ; il reçoit trois coups de sabre.

A Sens, il est blessé d'un coup de lance au milieu d'une lutte acharnée contre les Cosaques.

En 1815, dans un engagement avec les Prussiens près de Versailles, le capitaine Dervillé commandait en chef. Il avait devant lui une colonne de 1000 à 1200 hommes, des intrépides hussards de Brandebourg.

Avec deux compagnies seulement, et bientôt à la tête de 50 hommes qui enferment les ennemis dans une rue étroite, il s'élance intrépide. Une lutte sanglante s'engage. La mêlée est terrible : le capitaine lutte corps à corps avec le colonel prussien De Sohr, il le blesse grièvement, ordonne à ses adversaires de se rendre et « tout ce qui respire encore de ce beau régiment de « Brandebourg, l'orgueil de l'armée prussienne, tombe au « pouvoir de l'intrépide capitaine » (1).

Toujours l'un des premiers à la charge il avait reçu dans ses campagnes seize blessures et avait eu quatre chevaux de tués sous lui : il payait toujours sa gloire de son sang généreux. Il reçut successivement la croix de chevalier de la Légion d'Honneur, la croix de Saint-Louis et enfin celle d'officier de la Légion d'Honneur avec le grade de lieutenant-colonel.

Sous Louis Philippe, il se consacra avec le plus grand soin à ses devoirs de citoyen. Il dut céder aux instances de ses concitoyens et accepter la place de maire en 1839. Il dut résigner ces fonctions en 1844.

Nous avons indiqué plus haut les résultats de son excellente administration pendant laquelle sa devise fut toujours : « Ordre, conciliation, dévouement aux habitants. »

Il mourut le 15 décembre 1845, laissant à tous l'exemple d'une carrière aussi glorieuse qu'utilement remplie.

(1) Discours sur la tombe du colonel Dervillé. — *Arch. com.*

CANTON DE BEAUMONT

Avant la Révolution, Beaumont jouissait des attributions d'une ville de troisième ordre

Notre ville fut érigée au mois de janvier 1790 en chef-lieu de canton, par effet de la loi du 22 décembre 1789. Le canton comprenait les dix communes suivantes, formant une population totale de près de 6,000 habitants : Beaumont, Bernes, Bruyères, Champagne, Hédouville, Mours, Nointel, Persan, Presles et Ronquerolles (1).

Le 20 mars 1790, une réclamation du Conseil auprès de l'Assemblée Nationale à cause de l'exiguité du canton, fut sans effet. Le 22 mars 1791, le Conseil protesta contre le transfert à l'Isle-Adam du bureau d'Enregistrement dont le siège avait d'abord été fixé à Beaumont. Une loi du 28 janvier 1799 prononça la suppression de notre canton. L'Isle-Adam l'emporta grâce à de hautes influences.

La municipalité qui regrettait son chef-lieu et sa justice de paix fit entendre d'énergiques revendications, tant aux consuls

(1) Nous trouvons à l'égard de ces communes un document sans date — 1795 probablement — qui nous donne les renseignements suivants :

Beaumont, 2156 habitants, devait fournir 60 volontaires; Bernes, 170 h., 4 volontaires; Bruyères, 277 h., 7 volontaires; Champagne, 614 h., 17 volontaires; Hédouville, 127 h., 4 volontaires; Mours, 199 h., 3 volontaires; Nointel, 185 h., 5 volontaires; Persan, 300 h., 8 volontaires; Presles, 1230 h., 33 volontaires; Ronquerolles, 415 h., 11 volontaires.

Beaumont en a fourni 47, Bernes 0, Bruyères 1, Champagne 4, Hédouville 1, Mours 1, Nointel 4, Persan 0, Presles 26 Ronquerolles 3.

Cambacérès et Lebrun, qu'au premier consul Bonaparte, lors de son passage à Beaumont.

Une nouvelle demande adressée le 13 octobre 1804 à l'empereur demeura sans effet (1). Une autre, remise au Préfet le 28 mai 1804 ne changea rien à l'état de choses établi. Cependant un bureau d'enregistrement fut accordé à Beaumont par arrêté du 18 juin 1810.

En 1841, un mémoire très important fut envoyé au roi. Les municipalités de Beaumont et des communes de l'ancien canton exposaient aux autorités supérieures les avantages qui ressortiraient de la formation do la nouvelle division administrative. Le mémoire donne les renseignements suivants, en faisant observer que la majeure partie des habitants du canton de l'Isle-Adam, et celle qui paye le plus d'impôts, doit être écoutée dans ses justes doléances :

	Population	Contributions Directes		Contributions Indirectes	
	—	—		—	
Beaumont	1095 hab.	27810 fr.	74 c.	44813 fr.	39 c.
Bernes.........	188	8119	47	436	04
Bruyères.......	333	12290	20	1432	90
Champagne	746	12000	»	3525	96
Maffliers.......	459	12000	»	5984	06
Mours..........	92	4550	49	477	52
Noisy..........	258	5444	07	3297	63
Nointel........	252	4129	02	606	95
Persan.........	339	16282	98	4373	14
Presles	1600	19000	»	11482	31
Ronquerolles...	415	6414	75	1462	78
Saint-Martin....	794	12163	»	5500	14
TOTAL....	6571 hab.	140204 fr.	72 c.	83392 fr.	82 c.
Et pour le canton de l'Isle-Adam.	6736	111329	73	50345	67

(a) Voici, à titre de document, la population des localités qui appuyaient la demande de Beaumont avec l'intention de faire partie du nouveau canton :

Beaumont, 2022 ; Belloy, 815 ; Baillet, 189 ; Bethemont, 399 ; Presles, 1157 ;

Nous nous bornons à donner l'analyse sommaire des motifs contenus dans le mémoire :

Après avoir signalé la première création du canton de Beaumont, le rapport constate que le canton de l'Isle-Adam est trop disséminé; que le chef-lieu enfoncé dans les terres ne présente comme accès et issues possibles en toutes saisons qu'une chaussée vicinale qui le traverse et le chemin de grande communication de Pontoise à Beaumont, qu'encore il va rejoindre à Jouy-le-Comte. De là, souffrance incontestable de tous les besoins, de tous les services, notamment des affaires du ressort de la justice de paix; de là aussi défaut d'ensemble et d'impulsion, négligences graves dans des surveillances éminemment utiles surtout celle de l'instruction primaire.

Beaumont, d'ailleurs, la plus importante commune de l'arrondissement après Pontoise, est de temps immémorial le centre rée des affaires commerciales et civiles à 11 et même 16 kil. de circonscription. Cinq foires par an et quatre marchés par semaine, dont un très fort pour les grains et les bestiaux, facilitent l'écoulement des produits et permettent aux importants fariniers de Persan, Mours, Presles, du rû de Méru, du Sausseron, de la Thève et de la Nonette de s'approvisionner de moutures pour l'alimen tion de la capitale.

Les fabriques de la ville (cinq de passementerie dont trois importantes; une de boutons de soie, une d'orfèvrerie, une de sucre indigène) occupent et font vivre beaucoup de familles des localités voisines. Les deux notaires sont les détenteurs des minutes des cinq études de l'ancien baillage et comme tels restent dépositaires des titres de propriété et de fortune dans la plupart des populations environnantes.

Bernes, 192; Valmondois, 352; Frouville, 490; Noisy, 470: Saint-Martin, 728; Montsoult, 398; Villiers-Adam, 422; Nointel, 204; Persan, 279; Nesles, 764; Hédouville, 155; Asnières, 1029; Villaines, 145; Maffliers, 399; Mériel, 388; Mours, 89; Champagne, 636; Labbeville, 350; Ronquerolles, 366; Viarmes, 1689; Moisselles, 337; Chauvry, 270: Isle-Adam, 1378; Bruyères, 1287; Jouy-le-Peuple (ci-devant Jouy-le-Comte), 587.

Beaumont possède, en outre, un hospice jouissant de près de 15000 francs de revenus, une maison d'arrêt, une compagnie de sapeurs-pompiers, un vaste hôtel de ville, un port qui est l'un des principaux points de relâche pour la navigation de l'Oise, le relais de la poste aux chevaux, le bureau central, cantonal de la poste aux lettres, la cure cantonale, une imprimerie lithographique.

Enfin la fréquence du passage des troupes, le fait qu'il n'existe aucun juge de paix de Saint-Denis à Noailles, la facilité des moyens de transport, permettent aussi d'espérer qu'il sera fait droit à sa demande.

Cependant elle eut le même sort que ses devancières « et la ville de Beaumont resta toujours veuve d'avantages qu'il eût été si rationnel de lui conserver *(sic)*. ».

Elle s'est consolée difficilement de ce veuvage. Cependant, il lui faut en prendre son parti. La création de routes, la facilité et la rapidité des moyens de communication ont détruit les avantages dont elle pouvait se prévaloir dans sa réclamation.

PLACE DE L'HOTEL DE VILLE (1860)

DEUX INVASIONS

En 1815, lors de l'entrée sur le territoire français des troupes alliées, la ville avait détruit le pont pour essayer d'arrêter les envahisseurs. S'il ne reste aucune trace de combat livré dans notre région, nous pouvons signaler du moins les lourdes charges imposées à Beaumont. Le 18e hussards anglais avec des Belges (artillerie), des Cosaques et des Prussiens occupèrent le pays. Leur séjour et les passages nombreux qui eurent lieu, nécessitèrent des dépenses extraordinaires. Les diverses réquisitions et fournitures s'élevèrent à la somme de 10,359 fr. 40 (1).

Grâce au patriotisme des habitants, les autorités municipales et la cité ne coururent aucun danger.

En 1870, dans des circonstances aussi douloureuses pour la Patrie, Beaumont essaya d'interrompre encore la marche des ennemis, en sacrifiant de nouveau le pont; mais les Prussiens arrivèrent par toutes les autres routes à la fois, à la grande surprise des habitants qui les croyaient bien loin.

Le 16 septembre 1870, deux divisions de cavalerie prussienne,

---

(1) Citons les curieux chapitres suivants :

Vaches fournies aux troupes alliées	1200 fr.
Eau-de-vie fournie pour les troupes étrangères par Henneton, Prévost et Donon	677
Eau-de-vie en bouteilles, un pain de fromage de Gruyère pour les officiers du prince de Nassau, infanterie, par Donon et Prévost	90
Nourriture de plusieurs officiers et un commissaire prussien et hussards anglais du 18e régiment, par Bridault le jeune, Descreps, Fourbet et Augé	185
Chevaux requis par les Cosaques à Bernard et Fillerin	240

(*Registre du Conseil*, de 1806 à 1818.)

sous les ordres de Guillaume de Mecklembourg, envahirent Beaumont, se dirigeant sur Versailles.

Le 21 septembre, un capitaine, deux officiers et environ trois cents hommes avec quatre-vingts chariots se présentent. L'adjoint faisant office de maire, M. Godin, mandé en toute hâte, accourt. Le chef impose la réquisition suivante : 500 kil. avoine, 8,000 kil. de farine, 2,000 kil. de pain, 500 kil. de sel, 200 kil. de pois, 50 kil. de tabac et 500 kil. de café. Ces divers objets devaient être livrés dans un délai de trois heures, faute de quoi les soldats se livreraient au pillage des maisons. Hélas ! quarante mille hommes de troupes étrangères avaient traversé Beaumont depuis cinq jours et les habitants n'ayant plus rien pour eux-mêmes ne pouvaient r.en fournir!

Toutes les maisons furent pillées (1).

La ville eut à subir l'occupation prussienne du 16 au 24 décembre, puis du 3 au 11 mars. La guerre coûta à Beaumont 58,000 francs (2).

Rappelons que le maire, M. Godin, mit toute son énergie au service de la ville et que les excès que nous avons à regretter eussent pu être plus déplorables encore si son influenee auprès des chefs n'eût arrêté souvent l'ardeur des soldats vainqueurs. Qu'il est pénible de retracer des pages aussi sombres, en songeant à nos soldats et à notre or sacrifiés en pure perte!

Nous pourrons encore nous montrer héroïques et trouver des milliards, il nous sera possible d'ajouter à nos fastes des traits de générosité qui font l'honneur de notre race; mais notre en-

(1) Les soldats du 2e régiment de la garde enlevèrent 25 voitures de mobilier sous les yeux même de leurs officiers. Ils occupèrent la ville et la soumirent aux plus dures exigences. Ils avaient converti les principales maisons et l'hôpital en ambulances; ils y conduisirent leurs blessés après les combats que les francs-tireurs leur livrèrent à Parmain et à l'Isle-Adam.

(2) Citons encore les curieux chapitres suivants :

Du 16 au 24 septembre, les Prussiens ont pris entre autres choses : 492 kil. de café; 340 kil. de sucre; 260 kil. de sel; 30 kil. de chocolat; 25 kil. de fromage; 15 kil. de tabac et de cigares; 30 kil. de bougies; 45 kil. de beurre; 47 kil. de lard; 35 lit. d'eau-de-vie; 150 lit. de vin.

nemi, dans sa haine implacable, fait preuve d'un effort constant sur lequel il est bon de méditer.

Le jour de l'entrée des Prussiens à Beaumont, M. Godin dut servir d'otage.

— Nous allons occuper la ville; vous nous répondez des habitants. A la moindre tentative de rébellion, vous êtes mort, lui dit le chef.

Autour de lui, les officiers allemands, très calmes, causaient en bon français; comme pour ajouter encore à son anxiété, ils donnèrent l'ordre d'avertir quelques riches habitants — dont ils connaissaient les noms et les adresses — qu'ils auraient à se préparer pour recevoir dignement quelques soldats de haut rang.

Comme M. Godin s'étonnait à bon droit que ces renseignements fussent connus des ennemis : « Mais, monsieur, lui fut-il répondu, nous connaissons les meilleures maisons; nous avons même le plan de quelques propriétés. »

Plus tard, M. Godin, en causant avec l'officier qu'il était forcé de loger, lui demandait :

— Pensez-vous que nous pourrons enfin ramener la victoire sous les plis de nos drapeaux ? On nous parle de nouvelles armées organisées, prêtes à marcher contre vous...

— Pour cela, non! On n'improvise pas des armées. Vous pourrez lutter et mourir en braves; mais, pour vous, la partie est perdue d'avance. Depuis plus de vingt ans, il sort chaque année de nos écoles militaires autant d'élèves qu'il y a de départements français. Chacun d'eux est chargé d'une mission spéciale, qui consiste à parcourir le département qu'il a étudié, à prendre aussi des notes et à rentrer l'année suivante en donnant un rapport détaillé que contrôle son successeur de la prochaine promotion. Aussi, nous sommes forts, car nous étions prêts!

Malgré leur confiance dans le succès, malgré le guet-apens dans lequel Napoléon avait entraîné la France, les Allemands eurent partout à lutter contre d'énergiques manifestations du désespoir.

Le 21 septembre, un détachement d'infanterie arrive à l'Isle Adam. Il se conduit d'une façon ignoble. Un honorable citoyen M. Capron, pharmacien, appelle ses concitoyens aux armes. Le volontaires s'organisent et soutiennent une lutte héroïque contr un ennemi dix fois plus nombreux.

Le 1er octobre, deux de ces énergiques défenseurs, pris le armes à la main, étaient fusillés près de l'endroit où s'élève au jourd'hui le monument érigé en leur mémoire (1). C'étaien

(1) Ce monument, dû à l'initiative de la loge *l'Evolution maçonnique* s'élève a bord de l'Oise, sur un terrain concédé par l'Etat. — C'est un bloc de granit er touré de canons reliés par des chaînes.

L'inauguration eut lieu le 16 octobre 1887, sous la présidence de M. Maze, séna teur de Seine-et-Oise, en présence d'une foule immense, M. Jossier, sous-préfe de l'arrondissement, M. Billoin, maire de Pontoise, M. Capron et ses ancien compagnons d'armes, MM. Mamelle, délégué de la *Grande Loge symboliqu Ecossaise;* Monty, maire de Mours, vénérable de l'*Evolution maçonnique;* le délégués des Loges de Pontoise, Argenteuil et Beauvais, les sociétés de gym nastique, les compagnies de pompiers, les sociétés de musique des environs, l bataillon scolaire de Beaumont y assistaient.

Les discours de M. le Préfet, de MM. Maze, Monty, Mamelle, rappelèrent l bravoure des martyrs et les espérances des vaincus. M. A. Burion, dans de vers pleins de feu, chanta la gloire des deux héros. Une médaille commémorativ fut remise aux anciens combattants par les soins de la Loge.

Chaque année, le jour de la Fête nationale, les sociétés de Beaumont et d Persan, escortées de la population, viennent en cortège apporter des couronnes a monument patriotique.

Des orateurs prennent la parole pour rendre hommage aux braves combattan de Parmain.

A la cérémonie du 14 juillet 1890, un poète de réel talent, membre de la S ciété des Gens de Lettres, M. Victor Paquet, connu sous le pseudonyme de Lucie Dupuis, a lu les vers suivants :

A DESMORTIERS ET MAITRE

FUSILLÉS PAR LES PRUSSIENS EN 1870

Oui, dans les heureux jours des grands anniversaires,
Français, lorsqu'oublieux d'hier et de demain,
Apaisant un moment nos luttes nécessaires,
Nous pouvons nous sourire et nous tendre la main...

Oui, dans les jours bénis où chante notre gloire
A travers les drapeaux prenant partout leur vol,
Il est juste, il est bien de porter sa mémoire
Vers ceux qui sont tombés pour défendre le sol...

MM. Desmortiers, ancien juge d'instruction, que son grand âge aurait dû protéger, et Maître, ouvrier carrier de Jouy-le-Comte.

Tous les Français subissaient avec impatience le joug des envahisseurs et l'on cherchait par tous les moyens à servir la Patrie !

C'est dans ce but que « Mme Billiard, directrice de la poste, moins heureuse que ses collègues, ayant à supporter le logement des Prussiens pendant six mois, et à subir dans son bureau l'établissement d'un poste ennemi, brava les défenses et les menaces. Elle organisa un service clandestin : chaque jour, les facteurs, sous toutes sortes de déguisements firent une distribution dont beaucoup d'intérêts se sont bien trouvés (1). »

Beaumont, comme tout le département, avait donné la mesure de son dévouement et de son patriotisme.

Vers ceux dont l'âpre ardeur ne put être assouvie
Que par l'anxiété du martyre, et qui, fiers
Et simples, ont osé sacrifier leur vie
Pour nous léguer du moins l'honneur dans le revers.

Citoyens, c'est ainsi que, l'âme illuminée
D'une foi que le temps respecte et rajeunit,
Ensemble nous voici, plus nombreux cette année,
Saluant et parant de roses ce granit.

Ici la Prusse infâme et lâche a bu l'opprobre ;
Des soldats allemands, des bandits, sont venus
Un matin, sous le jour sombre et glacé d'octobre,
Fusiller deux Français enchaînés, demi-nus.

Il s'est passé vingt ans, ô Desmortiers, ô Maître !
Ce sol où votre sang héroïque coula
A subi le travail des hommes, et peut-être
Vos os n'y sont plus, mais votre âme est toujours là.

Elle est dans ces rameaux qu'un souffle tiède anime,
Dans ces blés, dans ces fleurs, dans ces flots chuchotants ;
Elle plane en ce ciel qui fut témoin du crime ;
Elle écoute, elle parle et nous dit — je l'entends — :

« O France ! ton étoile un instant pâle, brille ;
Grand peuple, arme ton bras et redresse ton front...
Lève-toi, marche, et tes ennemis trembleront,
Grand peuple qui pris la Bastille ! »

(1) Registre des délibérations, séance du 5 janvier 1874.

SOCIÉTÉS BEAUMONTOISES

Les *Compagnons d'Arche* étaient chargés autrefois de la direction des bateaux. Ils percevaient un droit au pont pour le passage très dangereux qu'ils faisaient franchir aux bateaux. On se fera une idée des entraves apportées à la navigation en pensant qu'il n'y avait pas d'écluses ; que le chemin de halage n'était pas entretenu ; qu'il passait beaucoup plus de bateaux qu'à notre époque et qu'il fallait 12 à 20 hommes, joignant leurs efforts à ceux des chevaux, pour permettre à un bateau de passer le pont (1).

Les *Compagnons d'Arche* alimentaient une caisse pour payer les avaries dont ils pouvaient être déclarés responsables. Ils paraissaient dans les cérémonies avec un chapeau de toile ciré avec ancre, un bourgeron en toile gommée serré par une ceinture rouge. Ils fêtaient chaque année la Saint-Nicolas, le jour de la foire de Saint-André, et assistaient en corps à la messe.

Leurs maisons étaient ornées d'une statuette, ordinairement celle de la Vierge (2). C'est la Vierge qu'ils imploraient toujours : on raconte qu'en face du trou d'Enfer, ils tombaient à genoux

(1) Pour monter un bateau chargé d'un mètre on employait 40 chevaux. En moyenne il fallait 10 ou 12 chevaux sur la rive droite (chemin de halage) et 10 sur la rive gauche. — Les bateaux étaient souvent obligés de se garer entre le port et le vieux pont, pour attendre leur tour de passage. Il y avait une soixantaine de pieux enfoncés dans la rivière à cet usage.

(2) Une maison de la place du Pothuis et deux maisons de la rue Basse-de-la-Vallée possèdent encore leur statuette.

et se mettaient en prière pour demander au ciel une bonne traversée.

Les derniers compagnons d'Arche remontent à 1840.

Les diverses sociétés qui existent dans notre ville sont :

La *Société de tir* dont la première fondation remonte à 1819, autorisée de nouveau par arrêté préfectoral du 22 juillet 1865.

Président : M. Berthier.

L'*Harmonie municipale*, fondée depuis très longtemps (1). Avant l'organisation de la Garde nationale, la ville possédait une compagnie de sapeurs-pompiers de 48 hommes ; 11 d'entre eux formaient une musique. Un règlement fut élaboré le 10 octobre 1862 et la société fut dirigée avec le plus grand soin successivement par MM. Poiret, père et fils. Un instant interrompue, elle fut réorganisée en 1876. Sa bannière couverte de médailles, de palmes et de couronnes, représente dignement notre chère cité dans les concours où l'*Harmonie* va cueillir de nouveaux lauriers.

Chef : M. Depesseville.

La *Société de secours mutuels*, dont le règlement, avec cette épigraphe : « Aide-toi, le ciel t'aidera », fut approuvé le 18 octobre 1848.

Président : M. Léger.

La Compagnie de Sapeurs-Pompiers, rétablie en 1852, lors du désarmement de la Garde nationale. La discipline, le travail et le dévouement de ce corps ont toujours été vivement appréciés.

Capitaine : M. Gerbaud ; lieutenant : M. Balagny ; sous-lieutenant : M. Gauthier.

L'*Orphéon*, fondé en 1860, fit de rapides progrès sous la direction de M. Albert Frémont. Forcé de disparaître à cause de la rivalité inconsciente de l'*Harmonie* (2), il fut réorganisé en

(1) Ce sont les termes d'un rapport daté de 1831.

(2) Comme la *Philarmonie* dont la brillante durée fut trop courte. — Le chef était M. Albert Frémont.

1879 par M. Carré dont le zèle lui permit d'obtenir de brillants résultats.

Chef : M. Gaudefroy.

La *Société coopérative de Boulangerie*, approuvée le 18 janvier 1873.

Président : M. Corbay.

Le *Tir à la Carabine*, établi en 1884.

Président : M. Joly.

La *Loge maçonnique*, fondée en 1882.

L'*Avant-Garde*, société de gymnastique et de tir, autorisée le 18 février 1885.

Président : M. Victor Paquet.

La *Bibliothèque populaire*, organisée en 1868 sous le nom d'Association libre, réorganisée définitivement en 1888, depuis la nomination de M. Troupeau père, à la suite du don de M. de Mazade (1).

(3) M. de Mazade, un de nos honorables concitoyens, a fait don de 800 volumes qui constituent un fonds sérieux pour la Bibliothèque municipale.

BEAUMONT ACTUEL

D'après le dernier recensement, Beaumont compte une population totale de 2991 habitants. La surface du territoire est de 573 hectares ; celle de la ville est de 35 hectares.

Beaumont jouit d'avantages nombreux qui la font rechercher comme lieu de séjour par ceux qui peuvent faire de la vie un agréable passe-temps.

Notre cité occupe une situation charmante, entre l'Oise et la forêt de Carnelle. La ville, bâtie en gradins, sur la côte, offre à l'œil le plus agréable aspect ; elle est renommée pour l'air vif et pur qu'on y respire, ainsi que pour le caractère sociable de ses habitants.

Un bureau de poste et de télégraphe ; la proximité des gares de Nointel et de Persan-Beaumont et surtout l'importance de cette dernière station, qui nous relie à Paris par trois lignes, ainsi qu'à Hermes, Beauvais et Creil, font de notre pays un centre très fréquenté.

Le bureau de perception de Beaumont comprend Bernes, Bruyères, Mours, Nerville, Nointel, Persan, Presles. Il existe aussi une recette de l'enregistrement et une recette de contributions indirectes.

La brigade de gendarmerie dessert Bernes, Bruyères, Frouville, Hédouville, Labbeville, Mours, Nerville, Nointel, Persan, Presles, Ronquerolles.

Les marchés, qui se tiennent trois fois par semaine (dont l'un très important, le jeudi, pour les grains (1), et les foires, qui ont lieu quatre fois l'an, ont perdu de leur importance.

La population ouvrière de Beaumont est employée surtout aux grandes usines de caoutchouc, de ressorts, de tapis à Persan.

L'industrie beaumontoise n'occupe qu'une centaine d'ouvriers répartis dans les imprimeries, les ateliers de passementerie, de carrosserie, de serrurerie d'art et mécanique; dans les fabriques de boutons, de suif, de coulisses de lits, de métronomes.

On peut dès à présent prévoir une augmentation sensible dans l'industrie locale par l'établissement d'une fabrique de blancs minéraux, et une amélioration notable dans l'hygiène par la création des abattoirs situés loin de la ville.

Nous pouvons constater aussi l'existence de nombreux magasins fort bien installés qui font de notre cité un centre important.

Grâce à son hospice qui possède 70 lits et un revenu de 35,000 francs, à son bureau de bienfaisance, à ses docteurs et à ses pharmaciens, à ses notaires, à son huissier, et à son journal hebdomadaire, *le Régional*, Beaumont n'a rien à envier à d'autres villes qui occupent un rang dans l'administration.

(1) « Dans le temps de disette, les autorités ont reconnu l'importance des marchés de Beaumont en obligeant les cultivateurs des cantons voisins même du département de l'Oise pour l'approvisionner. Il fut en tout temps l'un des marchés les plus forts du département, tant par la quantité de grains vendus sur la place que par celle vendus sur des échantillons à livrer. » (*Lettre du Maire à M. le Préfet*, 1823). On lit aussi dans cette lettre que Mme de la Motte-Houdancourt dut donner au prince de Conti les documents anciens concernant l'existence de ces marchés. Il se vendait des grains à chaque marché, il y avait quelquefois 200 sacs de blé sur la place. Les portefaix formaient avant 1789 une corporation qui payait 630 livres au prince de Conti.

BEAUMONT EN 1889

DEUXIÈME PARTIE

L'INSTRUCTION PRIMAIRE

A BEAUMONT-SUR-OISE

L'INSTRUCTION PRIMAIRE

A BEAUMONT-SUR-OISE

DU XVIe SIÈCLE A 1789

I. Etat de l'instruction au XVIe siècle. — II. Ecole de filles. — III. Pensionnat.

I. — ÉTAT DE L'INSTRUCTION AU XVIe SIÈCLE

Les recherches historiques que nous avons faites sur la ville et le comté de Beaumont-sur-Oise, nous ont permis de recueillir l'histoire de l'instruction dans notre commune.

L'intérêt que nous avons pris à connaître les anciennes écoles avec leurs méthodes et leurs emplois du temps, nous a engagé à réunir tous nos renseignements en un chapitre dont l'importance est, croyons-nous, aussi grande pour les Beaumontois que pour tous les amis de l'enseignement et du progrès.

Quoiqu'il n'existe dans les archives de Beaumont ni dans les registres de l'état-civil aucune mention des anciens maîtres d'école, on peut affirmer que notre ville a eu, comme toutes les villes importantes, des personnes qui se chargeaient, moyennant rétribution, d'appprendre aux enfants à lire et à écrire.

Beaumont étant jadis chef-lieu de bailliage, possédant des greffiers et des notaires, les maîtres ne comptaient pas dans la ville, et il n'est pas étonnant qu'ils n'aient laissé aucune trace dans l'histoire locale.

Aujourd'hui que tout bambin sait signer son nom et que le nombre des illettrés diminue chaque jour, on a peine à se rendre compte du niveau de l'instruction dans les siècles passés; quelques considérations et quelques extraits des registres de l'état-civil y suffiront.

Vers 1650, nous trouvons au bas des actes de naissances, baptêmes ou décès, des marques servant de signature à ceux qui déclaraient ne savoir écrire.

Le signe le plus général est une croix; mais il en est d'autres plus curieux : tels sont les suivants :

Ceux-ci servent généralement à des « aydes de batteaux » ou gens chargés d'aider les bateaux à passer le pont.

D'autres ne sont pas moins caractéristiques :

Marque d'un pâtissier

Guillaume Duval, boulanger

Marque d'un tailleur

Marque de Jean Demichy, vigneron

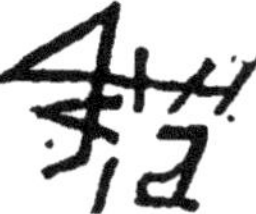

Marque d'André Demichy, vinaigrier

Marques de manouvriers

Marque d'un marchand

Marque de Jean Quantin marchand de pourceaux

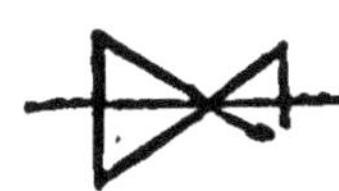

Marque d'un charretier

Enfin, d'autres dont le sens échappe :

et de nombreuses initiales :

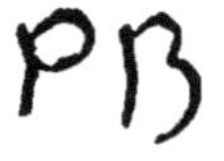

Marque de Pierre Leroy

Marque d'Albin Boval

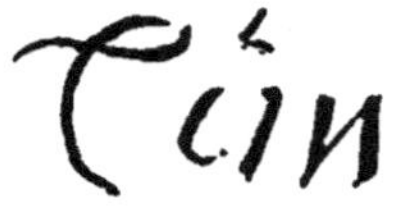

Marque d'Etienne

Quelques années plus tard, grâce peut-être à l'établissement de l'école des filles, par l'influence des mères sur leurs enfants, les signes sont plus rares. Ce sont des croix ou des essais d'écriture que l'on remarque. Voici deux exemples pris au hasard qui montrent que les hommes tenaient à honneur de signer :

Etienne Jendrot

Pierre Chartier

Il nous est malheureusement impossible de savoir dans quelles conditions l'instruction était donnée aux garçons avant la Révolution.

On sait seulement qu'avant 1789, il existait une école de garçons tenue par le citoyen Bastier qui dut tenir pension (1)

(1) Sa pension comptait environ vingt garçons et un nombre égal de filles.

après l'organisation de l'enseignement, car il ne fut pas nommé instituteur.

Un rapport curieux (1) auquel nous empruntons ce renseignement nous éclaire sur la situation de l'école des filles.

II. — ECOLE DES FILLES

Le 2 mai 1651, Mme veuve Lebret constituait une rente de 100 livres pour l'instruction de 25 petites filles de Beaumont et 8 de Persan, à condition que : 1° les petites filles devront avoir sept ans au moins; 2° la maîtresse, fille ou veuve, devra être capable de leur donner l'instruction: 3° les élèves seront choisies parmi les plus pauvres par le curé et le marguillier.

Par testament en date du 8 octobre 1678, Dame Catherine Domiliers, veuve Myton, lègue à l'Hôtel-Dieu 300 livres pour l'établissement d'un couvent de religieuses, afin de louer et honorer Dieu, y servir et édifier le prochain, y vaquer à l'instruction des petites filles et y produire tout le bien qu'on peut espérer d'un dessein si pieux, si utile et si nécessaire à la patrie, à laquelle la testatrice croit n'en pouvoir procurer un plus grand.

Une des salles de l'Hôtel-Dieu reçut donc les enfants pauvres que l'autorité ecclésiastique avait désignées : mais longtemps après, car les testaments des généreuses donatrices n'avaient pu être exécutés. L'administration de l'Hôtel-Dieu avait eu à subir de cruelles modifications (2).

Plus tard, les sœurs chargées de soigner les malades se contentaient de veiller sur les enfants, n'ayant guère le temps de les instruire. Cependant le 9 mars 1714, le bureau de l'Hôtel-Dieu, présidé par l'évêque de Beauvais, arrêtait qu'on ferait venir une

(1) Rapport de Morilllon au citoyen sous-préfet de Pontoise sur l'état de l'Hôtel-Dieu de Beaumont-sur-Oise (1802).

(2) V. chap. de l'Hôtel-Dieu, p. 69.

sœur spécialement chargée de l'instruction. Voici le programme et l'emploi du temps alors en usage :

Les enfants entraîent à 8 heures et restaient jusqu'à 11 heures. Elles revenaient de 2 heures à 5 heures. Il y avait deux congés par semaine; le jeudi soir et le samedi soir; toute fête qui tombait un autre jour de semaine n'entraînait pas de congé (1).

La classe commençait toujours par la prière que les grandes filles lisaient dans l'Ancien et le Nouveau-Testament (un jour pour l'un; un autre jour pour l'autre), dans la Règle chrétienne et le Psautier de David latin.

Puis les enfants avancés lisaient dans la Civilité en lettres gothiques, on leur montrait à écrire; elles apprenaient à lire aux plus petites dans les syllabaires français. Toutes apprenaient de mémoire selon leur âge, le catéchisme historique de Fleury, l'Epître et l'Evangile du dimanche.

Les grandes apprenaient aussi le catéchisme de Montpellier et des conversations morales. La classe finissait toujours par une prière. Le jeudi et le samedi matin étaient consacrés aux travaux de couture, de tricot et de marque.

L'école recevait de 80 à 100 petites filles. En 1766, on dut construire une salle spéciale dans l'Hôtel-Dieu; les élèves continuèrent d'y recevoir l'instruction jusqu'en 1790. Le 5 avril 1790 une délibération du conseil de la commune érige la salle de classe en corps de garde; après quelques mois, l'école fut rendue à sa première destination.

III. — PENSIONNAT

Les sœurs de l'hospice, trouvant leur traitement insuffisant (50 livres par an pour chacune d'elles), avaient eu l'idée d'annexer à l'école du peuple un pensionnat que dirigeait une sœur non rétribuée par l'hospice.

(1) Remarquons à ce propos que le règlement en vigueur n'a pas cette sévérité.

L'administration avait permis d'installer cette nouvelle école dans les bâtiments de l'Hôtel-Dieu. Les demoiselles au nombre de 20 à 25 payaient 300 livres par an; en outre, 10 à 12 demoiselles de Beaumont étaient demi-internes à raison de 12 livres par mois; d'autres enfin au nombre de 30 ne payaient que le quart de pension : 30 sols par mois.

Le pensionnat avait le même programme que l'école, mais le soir, après la classe, on apprenait à tricoter, coudre, marquer, festonner, broder, à faire du filet et autres ouvrages propres à leur sexe. Les jours de congés étaient employés à une promenade sous la direction de la religieuse.

De plus, par les beaux soirs d'été, les demoiselles prenaient l'air sur les bords de la rivière.

Voici l'emploi du temps :

A 6 heures, le lever et la prière ;

A 7 heures, la messe, le déjeuner ensuite;

A 8 heures, entrée en classe;

A midi, dîner, récréation jusqu'à 2 heures;

A 2 heures, entrée en classe;

A 5 heures, goûter;

De 5 heures 20 à 7 heures, lecture en commun et travail;

De 7 heures jusqu'à 8 heures, promenade ou récréation;

A 8 heures, souper;

A 9 heures, prière et coucher.

Il y avait pour l'école et le pensionnat trois grandes fêtes par an :

Le 8 septembre, la fête de la Nativité;

Le 21 novembre, la fête de la Présentation;

Le 25 novembre, la fête de Sainte-Catherine.

Qu'il nous soit permis maintenant de citer le curieux rapport que nous avons analysé rapidement jusqu'ici (1) :

« Le 25 novembre, jour de la Sainte-Catherine, était pour ces

(1) *Rapport Morillon* déjà cité.

enfants le jour par excellence; la fête était complète, toutes assistaient à une grand'messe que le curé chantait; elles y rendaient le pain bénit, elles allaient à l'offrande, l'une d'entre elles faisait la quête au profit des pauvres; ensuite la distribution des prix était faite, le curé et ses ecclésiastiques présidaient à cette distribution, les parents des jeunes filles y assistaient en grand nombre.

« C'était là que les enfants recevaient la récompense de la sagesse et de la vertu, de la science et de l'intelligence, de la soumission et du respect. C'était là qu'on goûtait ces joies pures de l'innocence; que les parents, les maîtresses et les élèves s'embrassaient mutuellement avec les affections d'une sincère reconnaissance.

« C'était encore là que les enfants s'encourageaient à faire de nouveaux progrès dans les sciences et la vertu; que les élèves non récompensées prenaient la ferme résolution de surpasser leurs compagnes pour obtenir à la prochaine distribution la récompense dont elles étaient privées, et qu'elles faisaient ainsi tourner à leur profit la confusion momentanée dont elles étaient couvertes par leur négligence et leur indocilité. C'était là enfin qu'on goûtait ces sentiments inexprimables dont la nature entière était pénétrée, qu'on versait des larmes de consolation et d'attendrissement qui embellissaient encore la fête, et qui disaient d'une voix éloquente, qui n'est entendue que des âmes sensibles, combien tous les cœurs étaient satisfaits. »

L'école et le pensionnat durèrent jusqu'au commencement de l'an VI. La délibération du conseil de l'hospice, prise de concert avec l'administration municipale du canton de Beaumont, ordonne la cessation de l'école (1) et l'exclusion des deux dames qui la dirigeaient.

Le véritable motif de cette mesure fut la suppression du pen-

(1) Les raisons invoquées sont celles-ci. économie, réformes des abus qui s'étaient glissés dans la maison, tranquillité des malades, santé des enfants.

sionnat qu'on voulait provoquer, parce qu'un pensionnat et une école de pauvres ne pouvaient subsister dans un temps où le règne de l'égalité était établi : — il y avait nécessairement des prédilections et des soins plus assidus de donnés aux enfants riches, ce qui était très préjudiciable aux enfants des pauvres, pour lesquels on n'avait pas la même intention ni les mêmes égards.

Les dames Thérèse et Séraphine, étant sorties de l'hospice le 1er nivôse an VI (21 décembre 1797), louèrent à Beaumont un local dans lequel fut installé le pensionnat (1).

Lorsque l'administration centrale organisa les écoles primaires, elle en fixa une de chaque sexe à Beaumont.

DE 1789 A 1833

I. Etat de l'instruction. — II. Traitement du Maître.
III. Etablissements libres.

I. — ETAT DE L'INSTRUCTION

Conformément aux dispositions de la loi du 3 brumaire an IV (25 octobre 1795) et au tableau annexé à l'arrêté de l'administration centrale des 25 pluviôse et 16 germinal de la même année (15 février et 6 mars 1795) l'instituteur de l'école primaire de Beaumont fut le citoyen Pervillé que le gouvernement payait et qui fut logé dans le presbytère (2).

Il tenait pension et demi-pension; il avait une quarantaine

(1) Le pensionnat ne comptait plus que 5 à 6 élèves internes avec une trentaine de jeunes demoiselles de Beaumont reçues en payant quart de pension.

(2) Le presbytère actuel est situé sur l'emplacement de celui-là.

d'écoliers. De plus l'école des filles n'ayant pas été établie, les demoiselles qui voulaient apprendre à lire, écrire et calculer, assistaient à ses leçons au nombre d'environ quarante (1). Le rapport Morillon conclu ainsi :

« Tel est l'état de choses en ce qui concerne l'instruction des enfants dans la commune de Beaumont. On voit avec plaisir que l'homme riche et aisé peut en payant y procurer une éducation à ses enfants, mais on voit avec peine ce mélange des enfants des deux sexes, dans une même pension, dans une même école.

« Le rétablissement des mœurs doit être à l'ordre du jour pour tout homme qui a du principe; le bon ordre, l'intérêt des familles, le bien-être de la société exigent une séparation prompte, dans un âge surtout où les passions commencent à naître, où les imaginations fermentent, où les affections mutuelles peuvent produire, si elles ne sont pas réprimées, des maux incalculables.

« S'il est du devoir des hommes en place de prévenir le désordre, il n'est pas moins d'une obligation rigoureuse pour eux de rétablir l'instruction là où elle se trouve anéantie.

« Il n'existe point en ce moment d'école de filles à Beaumont, malgré les titres de fondation....

« Pour peu qu'on ait une connaissance même superficielle de l'histoire et qu'on sache combien d'efforts multipliés l'ancien gouvernement a faits pendant des siècles pour établir les petites écoles des deux sexes dans toutes les communes du territoire français, on a peine à se persuader que de nos jours les pauvres petites filles de Beaumont soient abandonnées à elles-mêmes, vivent dans la plus profonde ignorance des premiers éléments de

(1) Il existait aussi à Beaumont une pension tenue par le citoyen Demonceaux; on y enseignait les langues latine et française ; il pouvait avoir quarante-cinq pensionnaires. Il recevait aussi à demi-pension une trentaine de jeunes garçons de Beaumont et une douzaine de jeunes filles de la même commune auxquelles il montrait les différentes sciences « dont ils sont susceptibles. » (*sic.*) (*Morillon* rapport déjà cité.)

la lecture, de l'écriture, de l'arithmétique, des devoirs de l'homme (*sic*), des usages de la vie civile, de ce qu'elles se doivent à elles-mêmes, à leurs parents, à la société, enfin de ce qu'elles doivent à Dieu, au gouvernement et aux hommes : quel effroyable état!

« L'homme est un être qui se façonne par l'instruction; en est-il privé? son état approche de la brute, quelle sera donc la postérité que mettra au monde cette foule de jeunes personnes sans éducation? L'instruction est l'un des premiers besoins de l'homme; c'est particulièrement dans l'enfance qu'il doit recevoir ce bienfait, il faut donc nécessairement qu'il le trouve dans la commune où s'écoulent ses premiers ans. Ce n'est que par l'assiduité aux instructions qu'on parvient à apprendre et à pratiquer ce qu'on y enseigne. L'homme pauvre trouve à peine dans son travail de quoi alimenter sa nombreuse famille, il faut donc qu'il soit à même de faire éduquer gratuitement ses enfants.

« Cette école gratuite existait à Beaumont pour l'avantage des jeunes filles de cette commune qui s'en trouvent privées depuis quatre ans qu'elle est anéantie

« C'est aux yeux de l'homme qui pense un malheur public qu'il faut se hâter de réparer. Pour peu qu'on connaisse les hommes, on ne peut pas voir dans les femmes les arbitres des mœurs (1); il faut donc perfectionner leur empire et les engager par une éducation soignée à orner de toutes leurs grâces le sceptre de la vertu.

« C'est à elles qu'il appartient d'exciter les courages, d'accabler le vice de leurs dédains, d'allumer le civisme et d'embraser les cœurs de l'amour de la patrie, on doit donc leur inspirer de bonne heure le goût des occupations domestiques, leur montrer le prix de l'irréprochable honneur, les appliquer, aussitôt qu'elles sauront les premiers éléments des sciences naturelles, à devenir un jour les premières institutrices de leurs enfants, afin d'ac-

(1) Aux anciens d'apprécier si les choses ont changé.

quitter envers eux la dette de la nature et remplir l'espoir de la société. C'est ainsi que nos neveux, ayant sucé dès l'enfance le lait nourricier de la morale républicaine, et été élevés dans les grands principes des droits imprescriptibles de l'homme, transmettront à la postérité la plus reculée, avec des mœurs pures, la parfaite égalité que nous professons et les fruits précieux de la liberté pour laquelle nous avons combattu. »

On sent dans ce rapport le souffle ardent de la Révolution.

Le citoyen Morillon après avoir constaté — sans preuves à l'appui, toutefois, — que tous les gouvernements ont donné leurs soins à l'instruction, émet les idées d'un enseignement gratuit et obligatoire. Il a fallu plus d'un siècle pour que ces théories fussent mises en pratique, encore ne sont-elles malheureusement pas admises par tous les citoyens.

Le rapport Morillon n'eut aucun effet à Beaumont.

Les adversaires du gouvernement actuel s'appuieront peut-être sur ce fait pour conclure que les régimes qui leur sont chers ont encouragé l'instruction plus que les républicains.

Il est à peine besoin de rappeler que si les grandes lois de nos assemblées révolutionnaires en faveur de l'enseignement populaire n'ont pas reçu d'exécution c'est que le manque de temps et les dangers extérieurs ou intérieurs ont seuls eu raison des volontés de nos repréeentants.

Du reste, une circulaire de M. le Préfet de Seine-et-Oise en date du 27 pluviôse an XIII (17 février 1805), nous édifie sur le rôle que jouait l'instituteur et la considération dont il jouissait.

« ... Salaire du greffier :

« Il est peu de communes rurales qui aient besoin d'un greffier; lorsqu'il ne sera pas possible de s'en passer, le salaire de cet employé doit être très modique, ces fonctions étant momentanées. *Une légère somme donnée par la commune au maître d'école pour cet objet aurait le double avantage d'améliorer son sort et de procurer à la mairie un greffier presque gratuit.* »

Nous avouons ne pas comprendre ces efforts du gouvernement pour améliorer le sort des maîtres en leur imposant un surcroît de besogne, à titre presque gratuit.

II. — TRAITEMENT DU MAITRE

Il n'était alloué jusqu'en 1828 à l'instituteur qu'une indemnité de logement de 60 francs par an ; les honoraires devant se composer de la rétribution des élèves en état de payer (1). Vers le mois de juillet 1828, l'instituteur avait été obligé de donner sa démission à cause de l'insuffisante rétribution scolaire qu'il recevait.

Une délibération du Conseil municipal en date du 12 novembre 1828 établit l'enseignement mutuel avec un traitement de 400 francs pour le maître (2).

L'école des garçons était fondée.

En six mois l'école fut réorganisée: « des jeunes gens qui savaient à peine épeler savent lire et écrire en demi gros sur le papier (3). »

Aussi une commission communale d'instruction primaire fit une quête chez les habitants à l'effet d'encourager le maître et les moniteurs.

Une commission d'encouragement de Paris fit deux allocations de 50 fr. chacune.

L'instruction avait grand besoin d'encouragements.

Voici ce qu'un ancien nous contait à propos du mode d'enseignement vers 1820 : « Nous étions environ quarante, tant garçons que filles, dans une grande pièce garnie de bancs, où nous nous asseyions, les filles d'un côté les garçons de l'autre. Il n'y avait que deux tables pour écrire, l'une pour les plus grands, l'autre pour les plus grandes.

(1) Circulaire du Préfet de Seine-et-Oise (27 pluviôse an III.

(2) De nos jours le gouvernement garantit à l'instituteur un traitement de 2600 fr. et la commune accorde un supplément de 200 fr.

(3) Rapport de M. l'Inspecteur à M. le maire de Beaumont, 1845. *(Archives municipales,* cart 15.)

« Une seule maîtresse (1) nous donnait l'instruction.

« Il nous fallait attendre pour lire que ce fut notre tour. Nous passions quatre par quatre en face de la maîtresse qui durant un quart d'heure nous faisait déchiffrer quelques mots.

« Puis, nous retournions reprendre notre place. C'était fini jusqu'au soir, nous n'avions plus rien à faire. »

Dès 1830, l'instituteur touchait une indemnité de loyer de 195 francs et les frais d'encouragement (pour les prix et les récompenses spéciales aux moniteurs) s'élevaient à 80 francs.

La position du maître d'école était sensiblement améliorée; la ville lui garantissait un traitement de 100 francs en plus de la rétribution scolaire qui était fixée à 15 sous; d'après le dire des anciens, le traitement de 400 francs n'était autre chose que la rétribution scolaire payée par la ville pour les indigents.

III. — ETABLISSEMENTS LIBRES

L'instruction à Beaumont était donnée aux filles dans trois écoles; l'une communale et gratuite était dirigée par les dames religieuses de Nevers, une autre privée était tenue par les mêmes dames, une autre enfin, privée aussi, fut tenue par une dame Rencurel jusqu'en 1850 (2).

Depuis cette époque, il ne subsista jusqu'en 1877 d'autres classes de filles que celles dirigées par les dames de Nevers.

L'enseignement y laissait beaucoup à désirer.

La plupart des maîtresses n'étaient pourvues que d'une simple lettre d'obédience; elles se contentaient de faire pratiquer fort exactement les devoirs religieux aux enfants sans se soucier des progrès.

---

(1) Mme La Ratière.

(2) Mme Rencurel, dans sa classe, située rue Saint-Jacques-de-Richebourg, instruisait des pensionnaires et des externes de la ville, l'enseignement était supérieur à celui des sœurs. La rétribution mensuelle était de 3 fr. pour les démoiselles de Beaumont.

Dans une visite faite à leur classe, M. l'Inspecteur constate l'infériorité du savoir de leurs élèves en comparaison de celui des garçons (1).

DE 1833 A 1850

I. Comités cantonaux et locaux. — II. Programme des brevets simple et supérieur
III. Les Maîtres. — IV. Nouvelle installation de l'Ecole et de l'Asile.

I. — COMITÉS CANTONAUX ET LOCAUX

La loi du 28 juin 1833 qui organisait l'instruction primaire publique plaçait les maîtres sous le contrôle permanent de l'Etat par l'institution des délégués cantonaux et des délégués communaux (2). Il n'est pas sans intérêt de reproduire le règlement arrêté par le Comité cantonal de l'Isle-Adam régissant les écoles de Beaumont (3).

UNIVERSITÉ DE FRANCE

Règlement pour les Ecoles primaires de l'Isle-Adam

Le Comité d'instruction primaire du canton de l'Isle-Adam.

Vu le statut général du 25 avril 1834 sur les écoles primaires élé-

---

(1) *Archives communales.*

(2) On trouve dans le *Recueil des Actes administratifs de Seine-et-Oise* les attributions et les devoirs de ces comités. (V. année 1839, p. 73 du *Recueil*).

(3) *Archives communales*, cart. 15.

mentaires, voulant procurer l'exécution dudit statut dans toutes les écoles dudit canton,

Arrête avec l'approbation du Conseil royal le Règlement qui suit :

ARTICLE PREMIER.

La méthode suivie dans les écoles sera celle d'enseignement mutuel ou simultané.

L'instituteur devra en conséquence se conformer aux principes généralement adoptés pour ces modes d'enseignement, sauf les procédés particuliers qui peuvent lui appartenir.

ART. 2.

Les objets de l'enseignement comprendront :

1° L'instruction morale et religieuse ;
2° La lecture ;
3° L'écriture ;
4° Les éléments de la langue française ;
5° Les éléments du calcul ;
6° Le système légal des poids et mesures ;
7° Des notions élémentaires de géographie ;
8° Id. d'histoire ;
9° Id. d'arpentage ;
10° Le dessin linéaire.

ART. 3.

Pour être admis dans l'école élémentaire, il faudra être âgé de six ans au moins et de quatorze ans au plus.

ART. 4.

L'école est partagée en trois divisions à raison des objets d'enseignement dont elles seront occupées.

ART. 5.

Il sera formé dans chaque division par les soins de l'instituteur, un certain nombre de groupes d'élèves de la même force, et qui suivront simultanément les mêmes exercices.

ART. 6.

Dans toutes les divisions, l'instruction morale et religieuse tiendra le premier rang. Des prières commenceront et termineront toutes les classes.

Des versets de l'Écriture Sainte seront appris tous les jours. Tous les samedis l'Evangile du dimanche suivant sera récité. Les dimanches et fêtes conservées les élèves seront conduits aux offices divins. Les livres de lecture courante, les exemples d'écriture, les discours et les exhortations tendront constamment à faire pénétrer dans l'âme des élèves les sentiments et les principes qui sont la sauvegarde des bonnes mœurs et sont propres à inspirer la crainte et l'amour de Dieu.

Lorsque les écoles seront fréquentées par des enfants appartenant à divers cultes reconnus par la loi il sera pris des mesures particulières pour que les élèves puissent recevoir l'instruction religieuse que leurs parents voudront leur faire donner.

ART. 7.

Les élèves de la première division, indépendamment de lectures pieuses faites à haute voix, seront particulièrement exercés à la récitation des prières. On leur enseignera en même temps la lecture, l'écriture et les premières notions du calcul verbal.

ART. 8.

Pour les élèves de la seconde division, l'instruction morale et religieuse consistera dans l'étude de l'Histoire Sainte, Ancien et Nouveau Testament. Les enfants continueront les exercices de la lecture, d'écriture et de calcul mental. On leur enseignera par écrit le calcul et la grammaire française.

ART. 9.

Dans la troisième division, les élèves étudieront spécialement la doctrine chrétienne. Ils continueront les exercices de lecture, d'écriture, de calcul et de langue française; ils recevront en outre des notions élémentaires de géographie et d'histoire générale et surtout de l'histoire et de la géographie de la France.

ART. 10.

Les diverses connaissauces énumérées dans les précédents articles seront enseignées aux différentes divisions d'une manière graduelle, conformément au tableau ci-après :

PROGRAMME	1re DIVISION	2e DIVISION	3e DIVISION
INSTRUCTION MORALE et RELIGse...	Prières et lectures pieuses.	Histoire sainte.	Doctrine chrétienne.
LECTURE........	Cet exercice comprendra successivement l'alphabet et le syllabaire, la lecture des manuscrits et du latin.		
ECRITURE.......	Cet exercice aura lieu successivement sur l'ardoise, sur le tableau noir, et sur le papier, en fin et en gros, dans les trois genres d'écriture : bâtarde, ronde et cursive.		
CALCUL..........	Calcul verbal.	Numération écrite et les quatre règles fondamentales de l'arithmétique.	Fractions ordinaires et fractions décimales ; système métrique.
LANGUE FRANÇAISE	Prononciation correcte.	Grammaire française.	Règles de la syntaxe, analyses grammaticales et logiques, composition, etc.
GÉOGRAPHIE et HISTOIRE.......	Exercices de mémoire.	Dictées pour l'orthographe.	Géographie et histoire générale, géographie et histoire de France.
DESSIN LINÉAIRE..	»	»	Dessin linéaire.
CHANT.........	»	»	Chant.

ART. 11.

Les livres dont l'usage aura été autorisé pour les écoles primaires seront seuls admis dans ces écoles. Le maître veillera à ce que les élèves de la même division aient tous les mêmes livres.

ART. 12.

Les deuxième et troisième divisions composeront une fois par semaine. Il sera dressé des listes ou tableaux des places qui seront représentés chaque fois qu'un membre des comités ou un inspecteur viendra visiter l'école.

ART. 13.

Dans toute division, il y aura tous les jours excepté le dimanche et le jeudi deux classes de trois heures chacune, le matin de 8 heures à 11 heures, le soir de 1 heure à 4 heures.

ART. 14.

Il y aura dans toute école, au moins un grand tableau noir sur lequel les élèves s'exerceront à écrire, à calculer et à dessiner. Sur une portion du mur appropriée à cet effet, ou sur des tableaux mobiles, seront tracées les mesures usuelles, la table de multiplication, la carte de France, la topographie du canton.

ART. 15.

Pour toutes les leçons d'instruction morale ou religieuse, de langue française, d'arithmétique, de géographie et d'histoire, les élèves de la troisième division feront des extraits qu'ils remettront à l'instituteur et que celui-ci communiquera au Comité local.

ART. 16.

Tous les samedis, les élèves réciteront ce qu'ils auront appris dans la semaine. Le maître se fera aider par un certain nombre d'élèves qu'il aura désignés et qui feront répéter chacun cinq ou six élèves.

ART. 17.

Il y aura deux fois par an un examen général en présence des membres du Comité local, auquel le Comité d'arrondissement pourra adjoindre un de ses membres ou un délégué et, à la suite de cet examen, il sera dressé une liste où les noms de tous les élèves seront inscrits par ordre de mérite et qui restera affichée dans la salle de l'école. Le jugement des examinateurs sur chaque école sera transmis au Comité d'arrondissement.

Ces mêmes examens serviront à déterminer quels sont ceux des élèves qui doivent passer dans une division supérieure et ceux qui doivent être retenus dans la même division. Nul élève ne sera admis dans une division s'il n'a prouvé par le résultat d'un examen subi devant le Comité local qu'il possède suffisamment tout ce qui est enseigné dans la division inférieure.

TITRE II

De la Discipline.

ART. 18.

Nul élève ne sera admis s'il ne justifie qu'il a eu la petite vérole ou qu'il a été vacciné.

ART. 19.

Si un élève manque de se rendre à la classe, le maître en prendra note et en donnera avis aux parents le plus tôt qu'il sera possible.

ART. 20.

L'instituteur tiendra un registre où le travail et la conduite des élèves seront exactement notés, et qui sera communiqué au Comité local, aux Membres et aux Délégués d'arrondissement.

ART. 21.

La table du maître sera placée sur une estrade assez élevée pour qu'il puisse voir facilement tous les élèves.

ART. 22.

Les livres, les cahiers et les modèles qui resteront déposés à l'école devront être mis en place, et les plumes ou les crayons taillés avant l'entrée des élèves.

ART. 23.

Les élèves assisteront en classe tête nue, sauf le cas d'indisposition. Ils ne pourront ni causer, ni sortir de leur place sans permission. Les différents mouvements ont lieu à un signal donné et avec le moins de bruit possible.

ART. 24.

Après la prière du matin, le maître s'assurera par lui-même ou à l'aide des surveillants de la propreté des élèves qui tous doivent avoir une tenue décente.

ART. 25.

Il est défendu d'apporter en classe aucun autre livre que ceux qui sont en usage dans l'école. Les enfants qui auront participé aux distributions gratuites de livres doivent en avoir le plus grand soin. L'instituteur veillera également sur les autres livres, tableaux, modèles d'écriture et instruments appartenant à l'école et qui en forment la bibliothèque.

ART. 26.

Les récompenses ordinaires seront un ou plusieurs bons points, un billet de satisfaction et le droit aux premières places.

ART. 27.

Les élèves ne pourront jamais être frappés, les seules punitions dont l'emploi est autorisé sont les suivantes :

Un ou plusieurs mauvais points;

La réprimande;

La restitution d'un ou plusieurs billets de satisfaction ;

La privation de tout ou partie des récréations, avec une tâche extraordinaire ;

L'obligation de porter un écriteau désignant la nature de la faute, le renvoi provisoire de l'école.

ART. 28.

Lorsque la présence d'un élève sera reconnue dangereuse, il pourra être exclu de l'école et même de toutes les écoles du ressort du Comité d'arrondissement.

L'exclusion de l'école ne pourra être prononcée que par le Comité local, et l'élève ainsi exclu, ne pourra être reçu de nouveau que sur l'avis favorable de ce même Comité.

Le Comité d'arrondissement pourra seul prononcer l'exclusion de toutes les écoles de son ressort et une délibération dudit Comité sera nécessaire pour que l'élève ainsi exclu puisse fréquenter de nouveau une de ces écoles.

ART. 29.

Les classes auront lieu toute l'année, excepté les jours de congé et le temps des vacances. Les jours de congé seront : les dimanches, les jeudis et les jours de fêtes conservées ; le premier jour de l'an; les jours de fêtes nationales ; le jour de la fête du roi, les jeudi, vendredi et samedi saints, les lundis de Pâques et de la Pentecôte. Lorsque dans la semaine il se rencontrera un jour férié autre que le jeudi, le jeudi deviendra un jour de travail ordinaire.

ART. 30.

Il y aura vacances pour les écoles du 25 août au 10 septembre.

ART. 31.

Dans les communes où il n'existe pas d'écoles distinctes pour les enfants des deux sexes, le Comité local prendra des mesures nécessaires pour qu'ils soient séparés dans tous les exercices et pour éviter qu'ils entrent et sortent en même temps.

ART. 32.

Lecture du présent règlement sera faite à haute voix par l'instituteur, en présence des élèves lors de la rentrée des classes après les vacances et le premier dimanche de chaque mois.

Fait et délibéré à l'Isle-Adam, le 27 Janvier 1835 et arrêté définitivement le 14 septembre 1835.

Par les soussignés membres du Comité d'arrondissement de l'Isle-Adam.

Ont signé :

DAMBRY, vice-président (1) ; PEYRELONGUE, VIVENOT, ROBIN, membres du Comité, et FOUILLÈRE, secrétaire (2).

II. — PROGRAMME DES BREVETS SIMPLE ET SUPÉRIEUR

Ce n'est pas, croyons-nous, sortir de notre sujet que de faire suivre ce règlement du programme imposé aux maîtres pour l'obtention des deux brevets de capacité.

Instruction élémentaire.

Catéchisme.

INSTRUCTION MORALE ET RELIGIEUSE.....	Histoire sainte ..	Ancien Testament. Nouveau Testament.		
LECTURE............	Imprimés	Français. Latins.		
	Manuscrits ou cahiers lithographiés.			
ECRITURE..........	Bâtarde. Ronde. Cursive.	En lettres......	Ordinaires. Majuscules.	

Procédés pour l'enseignement de la lecture et de l'écriture.

(1) M. le Préfet ou M. le Sous-Préfet était président de droit.

(2) Ce règlement, approuvé par le Conseil Royal de l'instruction publique, est signé : Villemain, V. Cousin, Dambry.

ELÉMENTS DE LA LANGUE FRANÇAISE....	Grammaire.	Analyse gram[le] de phrases détachées.	
	Orthographe.	Théorie. Pratique.	
ELÉMENTS DU CALCUL	Théorie. Pratique.	Numération. Addition. Soustraction. Multiplication. Division.	Appliquées aux nombres entiers et aux fractions décimales.

Système légal des poids et mesures. Conversion des anciennes mesures en nouvelles.

Instruction primaire supérieure (1).

Le programme comprenait outre les matières du premier brevet : des développements sur l'histoire sainte, des notions élémentaires de géométrie, de dessin linéaire, de sciences, les éléments de a géographie et de l'histoire générale, de la géographie et de l'histoire de France, des notions sur la sphère, de la musique et du plain-chant. Les candidats pouvaient être interrogés sur les méthodes d'enseignement mutuel et d'enseignement simultané (2).

III. — LES MAITRES.

En 1834, M. Bastard, ancien instituteur public, demande après sept ans d'interruption à ouvrir une classe à Beaumont. Son école libre ne paraît pas avoir eu grand succès (3).

Le Comité local et le Conseil municipal firent des démarches nombreuses pour montrer l'incapacité du maître qui était resté trop longtemps sans exercer sa profession.

(1) *Recueil des Actes administratifs de Seine-et-Oise*, n° 50, année 1833.

(2) L'examen avait lieu à Versailles.

(3) Cette école était établie rue de Senlis, dans la maison qui porte aujourd'hui le numéro 17.

L'école communale au contraire avait une certaine renommée. Elle était dirigée par M. Robin.

D'après les renseignements que nous avons pu recueillir sur M. Robin, il semble que ce maître comprenait l'importance de ses fonctions mieux que la plupart de ses collègues.

En 1832, lorsque M. le Préfet de Seine-et-Oise, ouvrit à l'École normale de Versailles un cours de vacances, M. Robin le suivit assidument (1).

C'est pour nous un grand plaisir de constater à cette époque l'effort de l'administration en faveur de l'instruction, et la bonne volonté des maîtres — au nombre de 60 — dont les heureux résultats se firent bientôt sentir. Après un mois de leçons, grâce au dévouement du professeur et au travail des élèves-maîtres, le département de Seine-et-Oise comptait une nouvelle armée de maîtres plus instruits et plus zélés.

Une école modèle existait à Beaumont. M. Robin, que ses efforts avaient contribué à faire admettre en qualité de membre du Comité cantonal, appliquait dans sa classe les théories qu'il avait reçues à Versailles et les développait à ses confrères qui venaient souvent des communes voisines chercher près de lui de bons exemples et une utile impulsion.

M. Robin paraît être resté à Beaumont jusqu'en 1836.

Il fut remplacé par M. Beaumont dont nous ne pouvons apprécier la carrière par manque de documents et de souvenirs.

M. Gosset lui succéda en 1839.

M. Gosset suivit aussi des cours de vacances à l'école normale de Versailles. Grâce à son travail, il fut assez heureux pour conserver son poste jusqu'en 1852 époque à laquelle il quitta l'instruction après un labeur de trente-trois ans.

(1) Ce cours dirigé par M. Gallien avait pour but l'explication des méthodes nouvelles et des moyens de les appliquer. Les maîtres étaient nourris et logés à l'école. Ils recevaient en outre une indemnité de 1 fr. 50 par jour.

IV. — NOUVELLE INSTALLATION DE L'ÉCOLE ET DE L'ASILE.

En 1844 eut lieu l'installation d'une nouvelle classe pour l'instruction primaire avec un local destiné à la salle d'Asile (1). Voici l'état des travaux exécutés pour ces deux écoles.

	Asile.	Ecole.
Construction......	4.141 08	4.919 81
Mobilier..........	1.400 »	1.232 »
	5.541 08	6.151 81
Total...............	11.692 89	

Il ne faut pas s'étonner de voir le mobilier de l'asile porté pour une somme plus élevée que l'école. Dans le local de l'asile il n'y avait aucun tableau ni aucune table ; des bancs garnissaient seuls le bas des murs. L'école au contraire possédait déjà quelques tables, des tableaux disposés pour l'enseignement simultané, et des cartes; les murs étaient ornés de tableaux noirs (2).

Voici quel était à cette époque, le revenu de l'instituteur :

Fixe..............................	300 fr.
Rétribution scolaire..................	600
Chant au lutrin......................	100
Leçon particulière....................	100
Pour 12 indigents l'hospice donnait.....	144
La commune de Mours (3)............	75

D'après les chiffres de la rétribution scolaire on voit que 40 élèves de Beaumont et 5 élèves de Mours fréquentaient

(1) L'école était située dans la rue de l'Ecole, au coin de gauche en montant la rue de la Heuse.

(2) Une estrade très haute permettait au maître de surveiller ses élèves. Depuis cette époque elle reste dans la classe, elle sert encore à notre usage personnel.

(3) Mours envoyait ses enfants à l'école de Beaumont, ce qui a encore lieu.

la classe, car la rétribution était de 1 fr. 50 par mois soit 15 fr par an.

Jusqu'en 1845, les enfants en bas âge étaient tenus en garde par une dame qui se faisait payer par les parents (1).

En 1845, le Conseil municipal vote à la dame de l'asile une somme de 300 francs avec une allocation de 50 francs pour des prix.

Comme on le voit, le Comité local avait usé de son influence pour rehausser le niveau intellectuel des habitants de la ville.

Citons pour donner une idée de ses efforts une circulaire adressée aux parents des élèves :

« Plus que jamais l'avenir de la jeunesse dépend de l'instruction qu'elle a acquise. L'enfant ne peut être admis dans les manufactures s'il n'a pas reçu l'instruction primaire élémentaire ; dans l'armée, l'avancement est inévitablement nul sans instruction ; l'artisan, dans toutes les professions, l'agriculture, sont forcément arrêtés dans leur carrière : s'ils sont hors d'état de consulter et d'étudier, par eux-mêmes, les écrits qui peuvent les éclairer, de se rendre compte des frais et des produits de leur travail, de correspondre avec leurs fournisseurs, et de régler avec eux, d'établir et de vérifier les mémoires de leurs travaux et de leurs ventes ; s'ils doivent pour tous ces détails recourir à des intermédiaires, leurs intérêts en souffrent nécessairement ; les opérations qui nécessitent de la promptitude et du secret échouent et, constamment entravés dans leur carrière, ils voient avec regret échapper toutes les occasions d'accroître leur bien-être et arrivent à la vieillesse sans avoir quitté les derniers rangs de leur profession (2). »

Les Comités locaux et cantonaux établis en vertu de la loi de

(1) L'asile situé vers 1825 rue Basse-de-la-Vallée était tenu par Mlle Esther. Vers 1839, il était situé au carrefour de l'Ormeteau dans une chaumière et tenu par Mme Brunet, aujourd'hui place de l'Ormeteau n° 1. En 1845 Mme Verblackt avait à l'asile 80 élèves, dont 25 gratuits ; l'école comptait 95 élèves, 25 enfants dans la commune ne fréquentaient pas les classes.

(2) Cette circulaire est de juin 1847.

juin 1833 ayant cessé leurs fonctions au 1er septembte 1849, le Comité local fut aussi désorganisé. C'est encore là un fâcheux effet de la Révolution; mais peut-on reprocher à un gouvernement qui n'eut pas le temps de s'établir lui-même, d'avoir négligé d'organiser l'instruction?

Les délégations communales furent rétablies par le Conseil municipal le 27 mars 1853 (1). On en trouve la trace jusqu'en 1868.

DE 1850 A 1878

I. Les Maîtres. — II. Ecoles diverses.

I. — LES MAITRES.

De 1850 à 1878 il y a peu de changements à constater dans les procédés pédagogiques, comme dans la situation des locaux affectés à l'instruction.

En 1852, M. Yollant est nommé en remplacement de M. Gosset. Il resta quinze ans apportant dans sa classe sinon un zèle constant du moins un savoir assez étendu,

En 1867, M. Dupont, instituteur à Auvers, puis aux Mesnuls, fut nommé à Beaumont.

Ancien élève de l'école normale de Versailles, le nouveau maître

---

(1) La nomination de 1868 faite pour trois ans est en faveur de MM. Léger, notaire, et Lobjeois, propriétaire, qui paraissent avoir accepté le mandat depuis 1859. Les premiers délégués avaient été MM. Peyrelongue, docteur-médecin et Marie, ancien maire.

apportait des connaissances plus variées et un zèle plus grand. Nous qui avons suivi ses classes depuis 1872 nous savons avec quel soin M. Dupont tenait son école. Nous savons aussi quelles peines il dut prendre pour donner à plus de cent enfants chaque année les éléments d'une bonne instruction primaire et doter plusieurs élèves d'une instruction supérieure.

Les récompenses qu'il a obtenues depuis ont consacré son mérite (1).

II. — ÉCOLES DIVERSES.

Avant d'étudier l'enseignement primaire à l'époque la plus récente, nous devons consigner les efforts faits par des particuliers pour répandre l'instruction.

Nous avons cité déjà Mmes Rencurel et Brunet; nommons encore en 1856 Mme Adeline Cazals (2).

Pour les garçons nous trouvons, outre l'école communale, en 1840, la classe de M. Lantez tenue en 1844 par M. Dubus (3).

Le 9 avril 1877 une société de républicains fondait à Beaumont une école libre laïque, de laquelle l'enseignement religieux était banni, mais avantageusement remplacé par l'étude de l'histoire et de la géographie et autres sciences non moins importantes (4).

Enregistrons enfin l'existence du pensionnat des dames de Nevers, installé, en 1844, dans le local actuel. L'ouverture des classes eut lieu le 14 octobre 1844. Le pensionnat était destiné à recevoir les jeunes filles de familles aisées et aussi à instruire

(1) M. Dupont, aujourd'hui retraité, officier d'académie, est maire de Champagne (Seine-et-Oise).

(2) L'école de Mme Cazals était située rue de la Juiverie, n° 10.

(3) Cette école était située rue de l'Orme, n° 5.

(4) Les débuts de cette école furent très pénibles. Installée dans un ancien magasin de nouveautés, elle était trop étroite, trop sombre et trop insalubre. Elle comptait 40 élèves. Grâce à la fermeté de ses fondateurs et à celle du conseil municipal, elle finit par triompher de sa redoutable concurrente congréganiste,

gratuitement 33 jeunes filles pauvres comme le portait l'acte de fondation.

On se souvient que, pendant la Révolution, les dames de Nevers avaient dû quitter l'hospice. Leur pensionnat était situé sur l'emplacement de la salle d'asile libre actuelle.

Les bâtiments étaient insuffisants. Un pensionnat mieux aménagé, celui de Mme Thérèse, situé sur l'emplacement actuel de l'hospice, paraît avoir décidé la congrégation de Nevers à améliorer la situation de son pensionnat.

La pension des garçons, aujourd'hui dirigée par M. Michel, a été successivement possédée en 1848 par M. Vernier (1), en 1851 par M. Diot et depuis 1867 jusqu'en 1889 par M. Duhamel.

Cet établissement fait partie de l'enseignement secondaire (2).

LES ÉCOLES ACTUELLES

GRATUITÉ. — LAÏCISATION DE L'ÉCOLE DES FILLES CONSTRUCTION D'ÉCOLES.

En 1875, par une délibération en date du 15 février, approuvée par le Conseil départemental de l'instruction publique, le 6 décembre, le Conseil municipal votait la gratuité absolue de l'enseignement (3).

En 1878, il inaugurait une nouvelle école des garçons.

---

(1) Aujourd'hui instituteur à Auvers (Seine-et-Oise).

(2) Il a été construit par M. Alexandre, gendre de M. Demonceaux, l'ancien maître de pension cité.

(3) Les enfants non indigents payaient une rétribution mensuelle de 2 fr.

Depuis longtemps déjà l'exiguité du local avait forcé la municipalité à séparer l'asile de l'école des garçons, mais le nombre croissant des élèves, l'intérêt qu'on prit alors aux questions d'enseignement (amélioration du sort des maîtres, de l'hygiène des élèves, etc.), et surtout l'amour-propre des Beaumontois à se montrer avancés dans le progrès, tout cela fut cause de la métamorphose subie par les écoles de notre ville.

La nouvelle école des garçons est située loin du bruit de la ville, aux faubourgs, dans d'excellentes conditions de salubrité.

A l'extrémité de la vaste place du Marché-Jeudi et régulièrement orientée (la façade principale à l'ouest), l'école ne ressemble aucunement à ses devancières.

L'aspect extérieur de l'édifice est agréable. L'école possède une cour spacieuse, un préau couvert, un portique pour les agrès servant à la gymnastique, une fontaine et des lieux-d'aisance fort bien installés (1). Au dedans, rien n'a été négligé. Pénétrant dans le bâtiment et traversant le vestiaire, l'on entre dans la classe du directeur.

Le Directeur ! mot nouveau pour les lecteurs de cette étude. C'est qu'il y a maintenant trois maîtres; un directeur et deux instituteurs-adjoints. A qui dirait qu'un seul maître suffisait autrefois, nous répondrions que les trois maîtres sont à peine suffisants ; car l'école compte 150 élèves, grâce aux lois du 16 juin 1881 et du 28 mars 1882 par lesquelles le gouvernement de la République a rendu l'instruction laïque, gratuite et obligatoire. Ce qui frappe en entrant dans les classes, c'est la hauteur et l'aspect agréable des murs. Une collection complète d'histoire naturelle, la carte de France en relief, la carte muette de la France, un compendium métrique, une bibliothèque (2), un

(1) Le jardin a 6 ares d'étendue. Le préau mesure 18 m. sur 6 m. 50 et la cour 26 m. sur 12 m. 50. Voici les dimensions des salles de classe : longueur 20 m. ; largeur 8 m. 50 ; hauteur 4 m. 10. Volume : 697 m.

(2) La bibliothèque scolaire, fondée le 5 mars 1853, compte 289 volumes. Le

musée servent d'objets d'étude aux bons élèves et sont un incessant encouragement au travail pour les paresseux ; le buste de la République rappelle à tout enfant son devoir envers la patrie et le gouvernement qui ne négligent rien pour faire de lui un bon citoyen libre.

Dans la deuxième classe (cours élémentaire et moyen), l'aménagement sans être aussi complet, est aussi attrayant. Les murs sont couverts par une collection de tableaux d'histoire naturelle ; au fond de la classe est un corps de menuiserie destiné à recevoir les armes ; car l'école a son bataillon scolaire. Ils sont beaux les jeunes soldats avec leurs vareuses et leurs bérets. Ils portent crânement leurs fusils dont ils apprennent le maniement avec le plus vif entrain (1).

Dans la troisième classe (cours préparatoire et moyen) ce sont des tableaux de lecture et une collection de grands tableaux représentant des faits historiques qui attirent la vue.

L'instituteur (2) a un appartement confortable, un grand jardin, et jouit d'un traitement de 2,800 francs.

Les instituteurs-adjoints logés au second étage de l'école, ont 1.200 francs de traitement.

Que nous sommes loin des anciennes écoles dont nous avons esquissé la monographie.

ÉCOLE DES FILLES.

L'amélioration est aussi sensible pour l'école des filles.

Le 18 janvier 1879, Mme Cousin avait été nommée institutrice communale.

---

nombre des prêts est relativement peu élevé au nombre d'élèves ; on trouve l'explication de ce fait dans l'existence de la bibliothèque municipale populaire qui est très suivie.

(1) Deux médailles décernées au bataillon scolaire par la municipalité, heureuse des efforts et des progrès du jeune bataillon, prouvent l'ardeur des petits soldats.

(2) M. Merceris, nommé en remplacement de M. Dupont, le 7 septembre 1880.

Le titre d'institutrice communale fut par ce fait enlevé à celle des dames de Nevers auquel il était attribué. Ce n'est cependant que le 14 novembre 1884 que l'école congréganiste se vit retirer le titre d'école communale après les nombreuses démarches faites en ce sens par la municipalité.

En 1884, le Conseil municipal inaugurait une nouvelle école de filles dont l'installation est plus parfaite encore que celle de l'école des garçons.

L'école des garçons avait coûté 46,000 francs, celle des filles atteignit 62,000 francs. Deux maîtresses, directrice (1) et adjointe, sont attachées à l'école des filles. Le traitement est de 1,700 francs pour la directrice et de 900 pour l'adjointe.

ASILE

L'école d'Asile n'a pas été oubliée et la nomination d'une directrice (2) active et dévouée n'a pas peu contribué à contenter les mères de famille que leurs occupations obligent à une absence journalière.

---

(1) Mlle Glatigny, aujourd'hui institutrice à Pontoise avait été nommée le 1er octobre 1884, en remplacement de Mme Cousin. Mlle Charles lui succéda le 28 octobre 1888.

(2) Mme Petitjean, nommée le 1er septembre 1878. Son traitement est de 1200 fr.

CONCLUSION

Nous ne pensons pas qu'il soit nécessaire de donner le programme actuel de l'enseignement. Rappelons seulement que l'enseignement religieux est supprimé à l'école, que le niveau des études a été relevé, qu'un élève studieux peut obtenir après examen le certificat d'études primaires. Le gouvernement de la République a fait de lourds sacrifices pour l'enseignement. Nous souhaitons ardemment la pleine réussite de son œuvre. Grâce à ses écoles superbes, à ses maîtres dévoués et grâce à l'esprit des nouveaux programmes, comme au bon vouloir de tous les citoyens, le gouvernement n'aura guère à appliquer des peines édictées par les lois.

Nous avons éprouvé un plaisir bien doux à revivre avec les anciens maîtres dans les sombres écoles d'autrefois, à constater les efforts de ceux qui nous ont précédé. Nous ressentons une joie très vive en mesurant le chemin parcouru depuis deux cents ans, au point de vue du développement intellectuel de notre cité.

L'histoire de l'instruction primaire de Beaumont a été pour nous un enseignement utile et réconfortant.

FIN

NOTES

POUR LES CARTES

La *Carte de l'ancien Comté de Beaumont* a été faite d'après celle que Douet Darcq avait établie.

Dans le *Plan de Beaumont* certaines rues ont été conservées avec leur nom ancien :

La route de Beaumont à Mours est maintenant nommée : rue de Mours;

La rue de la Juiverie : rue Victor-Hugo;

La rue des Lombards : rue Hadancourt (1);

La rue Saint-Laurent : rue Alsace-Lorraine;

La rue Saint-Jacques-de-Richebourg : rue de la République.

POUR LES GRAVURES

Beaumont au XIIe siècle a été retrouvé aux Archives nationales.

L'Eglise est reproduite d'après une photographie de MM. Barbeau frères.

Les Archers sont tirés d'une photographie due à l'obligeance de Mme veuve Cauley, à Château-Thierry.

---

(1) M. Hadancourt légua par son testament une somme de 1,600,000 francs à l'hospice et une rente de 500 francs à la commune. Cette dernière rente est répartie ainsi : 200 francs à la compagnie de sapeurs-pompiers, 200 francs à l'Harmonie et 100 francs aux écoles pour les élèves méritants.

La ville reconnaissante a donné à une de ses rues le nom de ce généreux donateur.

Beaumont au XVIIe siècle est la reproduction d'une gravure que possède M. Léon Dubos, et qu'il a gracieusement mise à notre disposition.

Les Chapelles ont été relevées sur un ancien plan aux Archives départementales.

Beaumont vers 1820 a été pris dans Dulaure.

La Place de l'Hôtel-de-Ville vers 1860 (1) a été faite d'après un dessin original de M. Guerrier.

Beaumont actuel est reproduit d'après une photographie de MM. Barbeau frères.

Les gravures : Beaumont au XIIe siècle, les Archers et la Place de l'Hôtel-de-Ville en 1860, sont des reproductions de dessins à la plume faits par l'auteur.

---

(1) La fontaine située sur le milieu de la place existait de temps immémorial. Elle était alimentée par les sources de la forêt. De tous temps la pose des tuyaux a préoccupé les habitants comme en témoignent les archives. On retrouve à ce sujet une lettre de Chevreul, en date du 10 novembre 1849, adressée à M. Dervillé, par laquelle il recommande d'employer, pour la conduite des eaux, la fonte préférable à la poterie.

ERRATA

Page 3. — Ligne 3, et en note première ligne, lire : *M. de Peyrelongue.*
Page 7. — La note 2 doit porter le n° 1.
Page 8. — Ligne 22, lire : *L'édit de Mersen.*
Page 9. — Ligne 17, lire : *Aguicourt.*
Page 19. — Ligne 3, lire : *D'azur au lion d'or.*
Page 32. — En note, première ligne, lire : *D'après Douet-Darcq. Cette liste...*
Page 54. — La dernière note doit porter le numéro 2.
Page 56. — Lire, en note : *1* et *2*,
Page 71. — Ligne 19, lire : *13 juillet.* — Ligne 26, lire : *14 octobre.*
Page 110. — Ligne 12, lire : *1791.*
Page 115. — Lire : notes *1*, *2* et *3*.
Page 117. — Lire : (1), en note.
Page 118. — Dernière ligne, lire : *ceux qui promettent le bonheur.*
Page 119. — Le second renvoi (5) est porté par erreur.
Page 122. — Ligne 25, lire : *Il résigna ces fonctions en 1844.*
Page 124. — Lire (1), en note.
Page 125. — En note, ligne 5, lire : *Bruyères 287.*
Page 145. — Ligne 13, après : *...de la rivière*, ajouter : *(sic).*

BEAUMONT-SUR-OISE. — IMPRIMERIE RÉGIONALE.

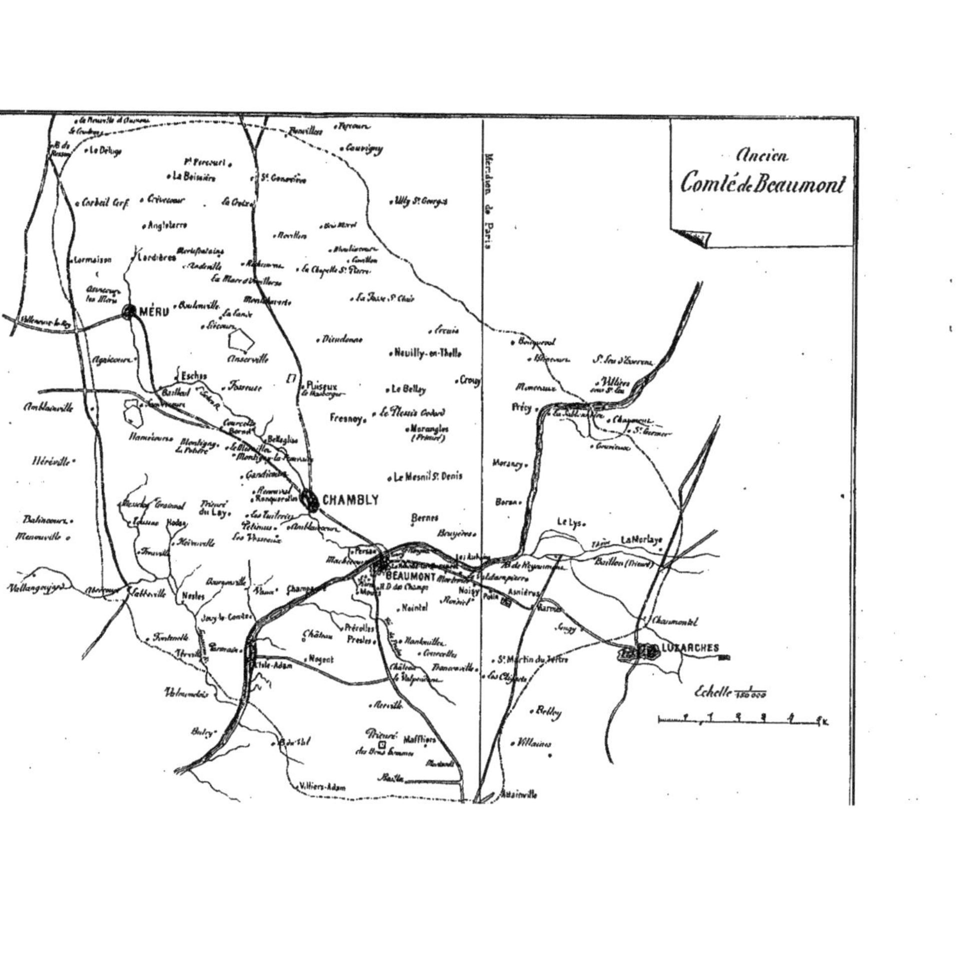
Ancien
Comté de Beaumont
Méridien de Paris
MÉRU
CHAMBLY
BEAUMONT
LUZARCHES
Le Déluge
La Boissière
S.t Geneviève
Corbeil Cerf
Crèvecœur
Angleterre
Lormaison
Lardières
Anserville
Dieudonne
Neuilly-en-Thelle
Cramoisy
Le Belloy
Le Plessis Godard
Fresnoy
Puiseux
Esches
Amblainville
Hénonville
Hardeville
Le Mesnil S.t Denis
Bernes
Bruyères
Persan
Nointel
Noisy
Asnières
Précy
Morancy
Boran
Le Lys
La Morlaye
Chaumontel
Presles
Prérolles
Nogent
L'Isle-Adam
Parmain
Jouy-le-Comte
Nesles
Champagne
S.t Martin du Tertre
Belloy
Villaines
Viarmes
Maffliers
Villiers-Adam
Asnainville
Echelle 1/250 000

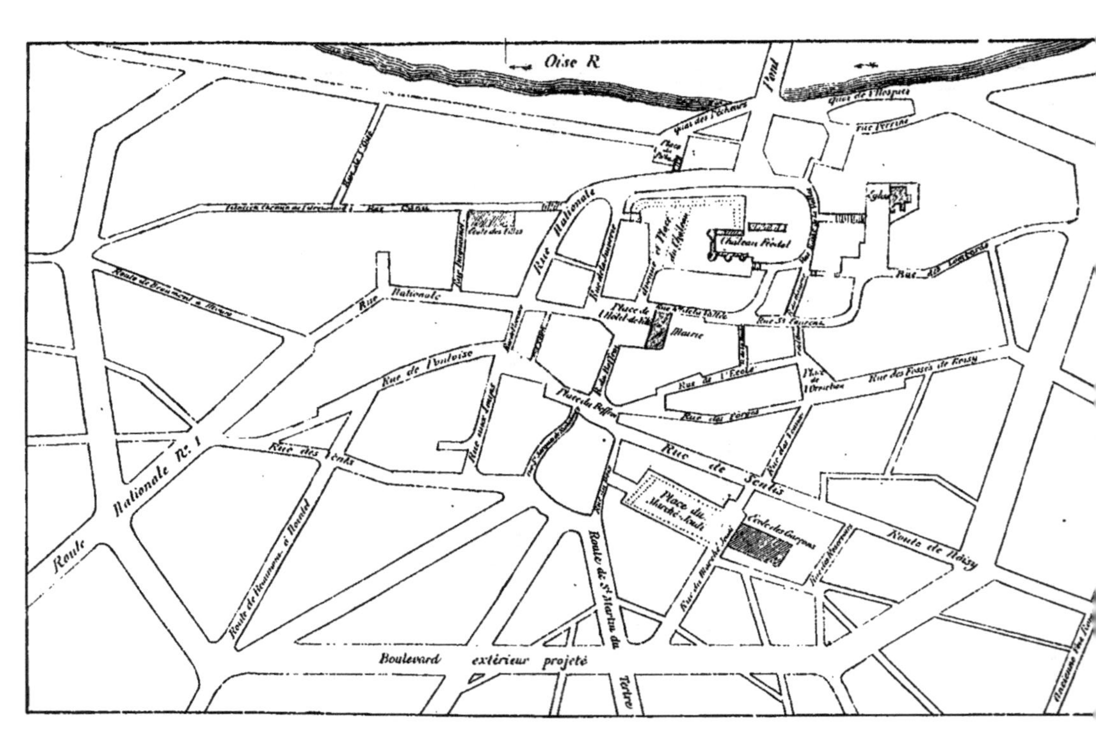

Plan de Beaumont-s-Oise

www.ingramcontent.com/pod-product-compliance
Lightning Source LLC
Chambersburg PA
CBHW070600100426
42744CB00006B/355

* 9 7 8 2 0 1 2 6 6 6 3 3 7 *